MEMORY OF CHINA

1945 中国记忆

战区大受降

韩文宁 著

南京出版传媒集团
南京出版社

和

总 序

2015年是世界反法西斯战争胜利70周年暨中国人民抗日战争胜利70周年，为了铭记中国人民反抗日本帝国主义侵略的艰苦卓绝的斗争，缅怀在中国人民抗日战争中英勇献身的英烈和所有为中国人民抗日战争胜利做出贡献的人们，重温近代以来中国反抗外敌入侵第一次取得完全胜利的民族解放战争的辉煌和荣光，自2014年2月27日第十二届全国人大常委会第七次会议表决通过将9月3日确定为中国人民抗日战争胜利纪念日，以及每年9月3日国家举行纪念活动后，南京出版传媒集团·南京出版社立即组织中国近现代史专家，隆重推出“1945·中国记忆”丛书。这套丛书共有7册，寓意纪念抗战胜利70周年。具体是：

《胜利大反攻》详细叙述抗日战争的最后阶段，日本侵略者陷入山穷水尽之际，中国战场国共两党的军队由局部反攻转为全面大反攻的历史。

《战区大受降》重点讲述日本天皇宣布《终战诏书》后，日本与中国在芷江进行洽降、东京湾“密苏里”号战舰日本签字投降，以及日本在中国战区签字投降的故事。

《台湾光复》系统叙述台湾先后沦为荷兰、日本殖民地的历史，以及抗战胜利后，台湾回归祖国怀抱的历程。

《国府还都》重点叙述抗日战争胜利后，国民政府由陪都重庆“还都”南京的过程。

《日俘日侨大遣返》集中披露日本投降后，在中美两国的共同组织领导下，以及国共两党的共同努力下，遣返300万日俘日侨的故事。

《汉奸大审判》着重介绍日本投降后，国共两党肃清汉奸、惩治汉奸和公审汉奸的史实。

《日本战犯审判》全面介绍战后日本东京远东国际军事法庭和中国南京审判战犯军事法庭，对日本甲级战犯、乙级战犯和丙级战犯进行罪行调查和审判的故事。

这套丛书从不同的侧面，采用形象生动的语言和图文并茂的形式，客观、真实、系统地再现了抗战胜利前后中华民族扬眉吐气的历史，披露了一段段鲜为人知的史实，揭示了一个个尘封已久的故事，展示了一幅幅振奋人心的画面。

“铭记历史，缅怀先烈，珍视和平，面向未来。”我们衷心希望这套丛书的出版能够得到广大读者朋友的喜爱，同时，也希望“1945”这段充满荣光的历史永久地铭刻在中国人的集体记忆中。

1945
中国记忆

目 录

【引言】从柏林投降到东京湾签字

柏林投降，是德国法西斯的终结；东京签字，则是日本法西斯的末日，同时亦为全世界反法西斯战争取得最终胜利，划上了一个圆满的句号。『密苏里』号战列舰，承载的不只是两军对垒的激烈搏杀，还有一段载入史册的荣誉。

1945 年 4 月 30 日，苏联红军占领柏林。同日，战争狂人希特勒在总理府地下室服毒自杀，结束了他罪恶的一生；同盟国终于赢得了这场艰难的胜利！

第二次世界大战的硝烟还远未散尽，苏联同英、美等盟国的关系就日渐紧张。由于意识形态上的巨大差异，这个本在客观情势压力下所形成的联盟，缺乏坚实的合作基础，随着胜利的迫近，潜在的危机日趋显露。一方面，英、美政府从本国利益出发，试图撇开苏联，单方面接受德军投降，以树立自己真正胜利者的形象，为战后瓜分德国、主宰世界做准备。另一方面，仇视社会主义苏联的纳粹德国在战争行将结束之际，也有意单方面与英、美讲和，在西线投降，而把兵力全部调往东线，与苏联殊死一搏，通过这一交易，与英、美达成“谅解”。如此离间之计，势必导致苏联与英、美决裂，而德国则可在夹缝中获得新生。不过，盟军统帅艾森豪威尔将军明智地阻止了这场危险的游戏。英国首相丘吉尔奈何不得，也只好顺应大局。

5 月 5 日至 6 日，第三帝国新任元首邓尼茨先后派冯・弗雷德堡和约德尔到法国兰斯盟军总司令部谈判，艾森豪威尔将军坚持只接受德军在所有战线的全面投降。

6 日晚，艾森豪威尔将军约见苏联军事代表团团长苏斯洛帕罗夫将军，告知德国人已接受全面投降，并将拟定好的投降书给他看，请他通知莫斯科，如赞同就代表苏联签署投降书，签字仪式定在 7 日 2 时 30 分。此事出人意表，苏斯洛帕罗夫火速电告莫斯科。然而，签字仪式的时间已到，依然没有得到国内答复。怎么办？他十分清楚，纳粹德国是在玩弄单独向盟军投降的伎俩，稍有不慎，就会带来严重后果。他仔细审阅了投降书，没有发现什么不妥之处，于是，果断地以见证人的身份，代表苏联在投降书上签字。为了使苏联对今后事态的发展，能够保持一种灵活处置的有利地位，他在投降书的末尾附了一个备考说明：任何一个同盟国政府仍然可提出签订另一个更完善的德国投降书。投降仪式一结束，他马上给莫斯科发去急电。可就在这时他收到了回电，指示他不要在任何文件上签字。

苏联政府在获悉德国已在兰斯向盟国投降后，斯大林立即召开统帅部会议，指出盟国单方面同邓尼茨政府达成协议，除了苏联代表外，苏联政府成员竟无一人参加，这说明德国没有向我国投降。然而，我们恰恰是受侵略之害最深，对胜利所做贡献最大的国家。兰斯会议显然是不公正的，我们不能同意。他还说："对盟国在兰斯签字的协定，不能废除亦不能承认，必须把投降作为一次重大的历史事件来处理，不能在战胜国的境内，而只能在法西斯侵略的策源地柏林接受投降；不能是单方面的受降，而必须由所有反法西斯同盟的最高统帅部接受投降。"随后，斯大林电告丘吉尔和艾森豪威尔。

鉴于苏联方面的强硬立场，迫使英美两国把在兰斯举行的投降仪式作为一次预演。

德国陆军元帅凯特尔在投降书上签字

德国陆军大将约德尔签订无条件投降书

5 月 8 日 24 时正，德国投降仪式在柏林正式举行，由苏联元帅朱可夫主持，盟军副总司令英国空军上将泰德、美国空军司令斯巴兹将军和法军总司令塔西尼等人参加。德国最高统帅部长官凯特尔元帅代表德国，在投降书上签字。

至此，在欧洲轰鸣了近六年的炮火终于停息，自 1939 年 9 月 1 日以来，欧洲大陆第一次出现了令人感到兴奋而又有点异常的宁静。

当欧洲人民开始享受和平的喜悦之时，远东和太平洋上的战火仍燃烧未息。直到 9 月 2 日，盟国对日本的总受降仪式才得以举行，犹如一部史诗般电影的第二次世界大战，就此合上了历史的分镜头。

1945 年 8 月 15 日，日本政府宣布投降后，美国任命五星上将麦克阿瑟为远东盟军最高司令官，接受日本的总投降。8 月 22 日，盟军开始占领日本本土。30 日，麦克阿瑟的座机在这个岛国降落，盟军总部设在横滨的大新饭店。

到达日本的盟军先遣队与设在横滨的总部联合筹备了总受降典礼。盟军与日本政府达成有关投降仪式的两项决定：1. 总受降在日本东京湾“密苏里”号战列舰上举行。2. 同盟国分别在各战区举行受降仪式。

这次历史性的仪式为何要在一艘战舰上举行？当美国总统杜鲁门得知日本将接受《波茨坦公告》时，就考虑到签字仪式的地点，一是应在日本首都目所能及的区域，以加深日本人民对这场战祸的印象；二是为了防止爆发狂热骚动，此处不宜紧靠海岸；三是选择在一艘战舰上，但这艘军舰应有特别的纪念意义。杜鲁门总统首先想到的便是以自己故乡密苏里州命名的“密苏里”号战舰，它不仅是美军的主力舰，而且该舰命名仪式，又是由其女儿玛格丽特主持，他本人也致词。这在杜鲁门心中，留下了深刻的印象。因此，当马歇尔将军和海军上将李海向总统请示对日受降签字仪式地点时，杜鲁门没加思索，即决定在停泊日本东京湾的“密苏里”号战列舰上举行。

日本投降签字仪式原定于8月31日，因受台风影响，经盟军最高统帅麦克阿瑟同意，推迟到9月2日举行。

9月2日这一天，美国太平洋舰队的旗舰“密苏里”号战列舰静静地停泊在东京湾，它正等待一个隆重的盛典在这里上演，迎接一个庄严的历史时刻到来。战舰的主甲板有两三个足球场大，但此时却显得很小，很拥挤。到处都是身着制服、持枪肃立的陆战队士兵，军衣洁白、满脸笑容的水兵，肩扛金星、容光焕发的军官，以及近300名神情各异、忙碌不停的各国新闻记者，其中包括中国中央社总编陈博生，特派记者宋德和、关宗轼和曾息波等8名中国记者。灰色的舰体油漆簇新，16英寸口径的大炮仰视天空，威风无比。

梅津美治郎代表日本签署投降书，麦克阿瑟在一旁注视

投降签字安排在战舰右舷上层甲板上，长条桌上铺有绿色绒毯，两边各放一把椅子，内侧是联合国签字代表团站立处，外侧留给日本投降代表。桌旁设有四五个扩音器，可以把受降仪式同声传回美国。1853年敲开日本国门的美国海军准将佩里的旗舰上悬挂的那面星条旗，专程从美国海军学院博物馆空运而至，展示在该舰甲板舱壁之上，十分醒目。

各国代表的签名

乐队不断在奏乐，将领们也陆续到来。文字记者眼观六路，耳听八方，生怕漏掉每一个细节，笔在手中不停地记录着。摄影记者更是忙得不亦乐乎，或蹲或立，相机镜头对准一切可以捕捉的信息，抢拍下这最具意义的时刻。

8点30分，仪仗队奏响军乐，身着各式军服的同盟国代表到达。第一个是中国代表徐永昌将军，随后，英国、苏联、澳大利亚、加拿大、法国、荷兰、新西兰的代表也陆续走上战舰。上层甲板上，一时间成了一个热闹的外交场所，中文、英语、俄语，以及法语、荷兰语，此起彼伏，相互交流，笑声不绝。这确实是一个令人开怀的日子，在经历了漫长的艰苦抗争和搏杀后，今天终于可以释怀，畅叙衷肠！

8时40分，长空中再次奏响乐声，远东盟军最高统帅麦克阿瑟将军登上战舰，美国太平洋舰队司令尼米兹海军上将陪他进入指挥室休息。这时，舰上升起了麦克阿瑟的五星将旗，和尼米兹的五星将旗并列在风中飘舞。军舰的主桅杆上，飘扬着美国星条旗。

麦克阿瑟将军、尼米兹将军、斯巴兹将军、魏德迈将军、史迪威将军以及60名随员站在签字台右边；站在签字台左边第一人为中国代表徐永昌上将，其后依次为英国代表福莱塞海军上将、苏联代表狄

日本陆军参谋总长梅津美治郎大将代表日本帝国大本营在投降书上签字。在场的官兵们见证了这一庄严的历史

麦克阿瑟代表盟军在日本投降书上签字

里夫扬科中将、澳大利亚代表布莱梅上将、加拿大代表哥斯格洛夫上校、法国代表莱克勒将军、荷兰代表赫夫里区中将和新西兰代表依西特将军。

8时50分，日本代表团一行9人由美国麦希毕尔上校引导来到“密苏里”号。日本投降全权代表外务大臣重光葵打头，他拖着一条假肢，靠着一根手杖的支撑，吃力地爬上甲板；紧随其后的，是面色阴郁的陆军参谋总长梅津美治郎大将，在场的人将目光齐刷刷地对准他们。众目睽睽之下，日本投降代表感受到一种正义的力量，他们都低着头，竭力掩饰自己不安和难堪的神情。

9时正，麦克阿瑟站在麦克风前，庄严地宣布同盟国总受降仪式开始。他首先进行了简短发言：

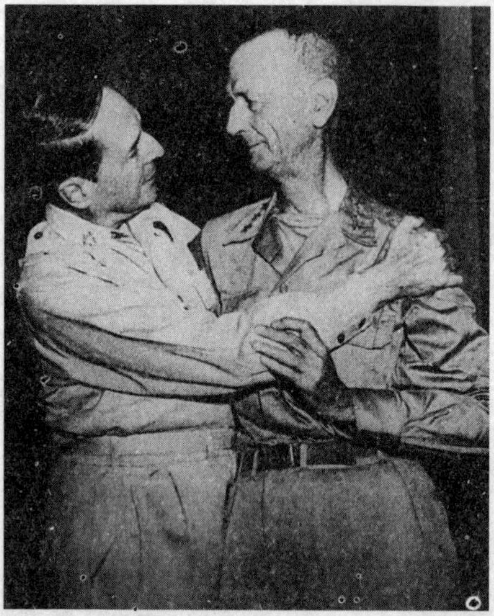
麦克阿瑟将军拥抱形容枯槁的温赖特将军

吾人咸集此间，缔结一桩重大协定，俾得恢复和平。理想与观念之分歧，业已在世界各战场上彻底解决……余深盼举世人类，亦同样深盼可自此庄严之时刻以后，由过去之流血屠戮中产生一更善美之世界，以信义谅解为基础，谋维持人类之尊严，实现其所珍爱之自由，容忍及正义之希望……

接着，战败国日本代表首先在投降书上签字，重光葵代表日本天皇和政府，梅津代表帝国大本营，分别在黑色封面的日文和金绿色封面的英文两份投降书上签字。

然后，麦克阿瑟以远东盟军最高统帅的身份，代表所有与日本交战国在受降书上签字。

就在签字之际，麦克阿瑟将军上演了一个诙谐的小插曲，为严肃的签字仪式增添了一点浪漫色彩。在签署投降书时，他共使用了五支笔：第一支笔他写了“Doug”，这支笔送给了曾在菲律宾从事英勇抵抗之后被日军俘虏的美军将领温赖特；第二支笔写了“Las”，他把这支笔送给了在新加坡被俘的英军将军玻西瓦尔；他用第三支笔写完“MacArthur”，这支笔交给美国政府档案馆留存。最后的两支笔签署了他的官衔，他把第四支笔给了他的母校西点军校，留作纪念；第五支是他从衣兜里掏出来的一支红色笔，在签字后送给了随他在亚洲战场上东征西讨、患难与共的夫人。

随后，美国代表尼米兹、中国代表徐永昌、英国代表福莱塞、苏联代表狄里夫扬科，以及澳、加、法、荷、新等国代表依次在受降书上签字。签字完毕后，麦克阿瑟将一份投降书亲自交给日本投降代表，然后率领各国首席代表进入休息室。日本9名投降代表仍由麦希毕尔上校引导离开“密苏里”号战舰。历时八年的第二次世界大战正式结束。

这时，由四百架B-29轰炸机和一千五百架舰载飞机组成的大型飞机编队，在“密苏里”号上方隆隆越过，在蔚蓝的天空中以这种特有方式，庆祝这一具有伟大历史意义的时刻。

至此，日本帝国战败投降的一幕被载入史册，一个旧时代，就以正

军令部长徐永昌代表中国政府出席受降仪式并在受降书上签字

义战胜邪恶而宣告终结，这是一首动人的胜利赞歌。

受降仪式结束后，麦克阿瑟离开举行受降仪式的甲板，快步来到另一个麦克风前，充满激情地向美国公民发表广播演说：

> 今天，炮口沉默，一个极大的悲剧已经结束，一个伟大的胜利已经取得。天空不再降临死亡，海洋只为商业效劳，任何地方的人都在阳光下行走。全世界一片安宁和平。神圣的任务已经完成……一个新的时代已经降临。

天理昭彰，日本无条件投降签字，洗刷了中华民族自《马关条约》以来的奇耻大辱，这一幕，简单、庄严、肃穆，意义深远！

如果把“9·2”日本总投降当作是开场的序幕，采用的是近景拍摄，那现在就让我们变换焦距，把历史的镜头拉向纵深，去透视日本侵略者的斑斑劣迹……

【一】

从『九一八』到偷袭珍珠港

从『九一八』到『七七』，这是中国人心中永远的痛，国土沦丧，饱受蹂躏，生灵涂炭。日本发动全面侵华战争后，继续扩大战火，偷袭珍珠港，使美军遭到重创的同时也使美国愤而参战，它加速了日本帝国的覆亡。

从 19 世纪末开始，日本帝国主义如狼似虎，张开血盆大口，对中国发动几次侵略战争，胃口不断扩大，妄想把中国变成日本的殖民地。1901 年 10 月，日本陆军部正式定编“清国驻屯军”。1912 年中华民国成立后，日本将在华日军改为“中国驻屯军”。1919 年，又在中国东北成立了关东军司令部。

日本帝国主义不断策划侵略中国的新阴谋，1927 年 6、7 月间，日本田中内阁在东京召开了“东方会议”，讨论确定新的对华政策。最后制定了《对华政策纲领》，确立了把“满蒙”同“中国本土”分离的方针。叫嚣东三省对于日本“在国防上及国民的生存上有重大的利害关系”，日本将作“特殊考虑”。并公然提出“不可坐待偶然良机，要主动创造机会”，解决“满蒙”问题。

日本帝国主义在中国先后制造了“万宝山事件”和“中村事件”，借此大造侵华舆论，加紧进行武装占领中国东北的准备。

1931 年 9 月 18 日，日本侵略者自编自导了一幕丑剧。关东军自行炸毁沈阳北郊柳条湖村附近南满铁路的一段，随后诬称是中国军队破坏铁路、袭击日本守备队，遂向中国东北军驻地北大营和沈阳城悍然发动进攻，震惊中外的“九一八”事变爆发。

由于南京国民政府对日本帝国主义的侵略采取不抵抗政策，数十万东北军不战自溃。在短短的五个月内，东三省全部沦陷。随后，在日本的导演下，东北各地的伪政权纷纷出笼。以末代皇帝溥仪为首的一群乌合之众，在日本人的授意和一手操纵下，于1932年3月1日拼凑成立了一个傀儡政权伪满洲国。

其后，日本侵略者又以咄咄逼人之势，将魔爪伸入关内，攫取热河省，越过长城线，逼近北平和天津。此前，日本人还再次玩弄阴谋，策划了“一·二八”事变，进攻上海，挑起淞沪之战，把战火引向中国东南。

不断退缩的结果，换来的是《塘沽协定》和《淞沪停战协定》的一

1931年9月19日，侵入沈阳城北的日军在城墙上攻击中国军队

受到日军攻击的东北军北大营营房

“一·二八”事变中日军发动攻击

日军所拍淞沪战后上海市政府的惨状

纸屈辱，使日本在先后占据的中国领土取得新的特权。是时，华北危急，全国告急，中华民族深陷危亡之中。

日本侵略行径的不断扩大，未能受到有效的扼制，对日的一再忍让和息事宁人，无疑与虎谋皮。

带有几分冒险却又几次成功的经历，使日本侵略者贪婪的胃口愈加膨胀，它加快了发动全面侵华战争的步伐。

以侵占满洲为契机，日本全面推行军事化，其发动侵略战争的阴谋已昭然若揭。与此同时，世界和平体系几近崩溃，国际社会秩序已经失控。天下大乱，法西斯侵略者愈加为所欲为，一场战争风暴行将来临。

1936 年以后的日本，已武装到了牙齿，成为东方世界的火药库，它的引爆，只是时机问题。全面侵华、吞并中国，是日本的既定国策，亦是它争霸世界的步骤。

经过精心谋划，日本终于点燃了战火，古老的卢沟桥，见证了日本的罪恶行径和中国的不幸历史。

1937 年 7 月 7 日晚，驻北平丰台日军到卢沟桥附近的龙王庙进行军事演习，他们诡称一名日本士兵失踪，要求进入中国军队驻守的宛平县城搜查。在遭到严辞拒绝后，日军便于次日零点 20 分下达了作战命令，侵略军的铁蹄踏过卢沟桥，震醒了桥上沉睡的石狮。

1937年7月，宛平县县长王冷斋举行记者会，说明日军主动攻击卢沟桥的情形

随着"七七"事变的爆发，日本向发动全面侵华战争，迈

中国军队第二十九军在卢沟桥上自卫

1937年12月，日军攻陷南京后，在国民政府门楼上悬挂起日本国旗

出了罪孽深重的一步，也从此踏上了一条不归之路。

美国和日本都是太平洋地区的国家，长期以来，两国一直在争夺这一地区霸权。1937 年日本发动全面侵华战争后，为了缓解战略资源的匮乏，于 1941 年 7 月出兵印度支那南部。美国采取反击措施，宣布对日全面禁运，冻结日本在美资金，两国矛盾激化。9 月，日本政府决定与美国交恶。

日本对美作战主要是海上决战，经研究，决定偷袭珍珠港，摧毁美国在太平洋的海军基地。为了保证偷袭成功，日本海军从各个方面进行了长时间准备。与此同时，日本还施放外交烟幕弹，迷惑美国。就在开战前，还信誓旦旦地表示：日、美之间没有任何理由开战，不管有什么问题，都能以友好态度加以解决。然而，仅仅过了 48 小时，珍珠港事件就爆发。

这是一次成功的战例，亦是一个致命的败笔。日本首先挑起祸端，主动出击，结果引火烧身。玩火者必自焚，日本虽然给美军以暂时的重创，却为自己挖掘了永久的坟墓。

军事家是战役的主宰，擅长战术；而政治家则是战略的化身，长于谋略。珍珠港事件，是军事家与政治家的较量，军事家只赢得了局部战斗，而政治家则赢得了战争全局。

1941 年 12 月 7 日，太平洋夏威夷群岛的珍珠港，这里的黎明静悄悄。战舰枕着波涛，在轻轻地摇，一切都显得那样静谧安逸。

这是一个星期天，本该是一个轻松的假日。然而，宁静只在片刻之间，转眼，一个意想不到的历史事件就爆发。

此刻，涂着“太阳”机徽的日本轰炸机，从远处偷偷袭来，铺天盖地向着这个美国海军基地发起攻击，珍珠港瞬间成为一片火海。日本蓄

美军珍珠港基地遭到严重破坏

谋已久的海上打击，终于从沙盘上的演练，搬到了实战之中。偷袭的诡计伎俩，化作千万吨倾泻的炸弹。

这一突发事件，谁也不曾预料，正如基地海军向太平洋舰队司令部紧急报告中所说："这不是演习，是空袭！"

日本偷袭珍珠港历时 110 分钟，美国太平洋舰队遭到重创，8 艘战列舰中 3 艘沉没，1 艘正着火下沉，1 艘搁浅，其余 3 艘也受伤。另外 19 艘军舰中弹，3 艘驱逐舰被打得千疮百孔。还有 250 多架飞机被击毁，死伤官兵 4500 多人。

日本偷袭珍珠港，使美国人受到奇耻大辱，遂愤然反击。次日，美国国会向日本宣战，接着又有 20 多个国家与美同仇敌忾，由此开始了长达 3 年多的太平洋战争。日本军阀为它的狂妄和贪婪，付出了沉重代价，加速了它走向灭亡之路。

【二】国际形势与日本国的最后疯狂

一九四三年以后，盟军在太平洋战场接连取得胜利，日军已处于被动挨打的局面。一九四五年七月，同盟国发表《波茨坦公告》，敦促日本无条件投降。在岌岌可危的境况下，刚愎自用的日本军阀，既不肯承认战败，也不愿投降，妄图在本土决战，作垂死一搏。

早在 1941 年 8 月 14 日，美国总统罗斯福和英国首相丘吉尔发表了《大西洋宪章》，这是二战中同盟国最初向侵略者提出放弃使用武力的警告。然而，日本我行我素，有恃无恐，不断扩大侵略规模，把战火四处点燃。

珍珠港事件爆发后，中国政府立即发布了抗战到底的文告，同时宣布对德国、意大利处于战争状态。12 月 10 日，蒋介石致电罗斯福、丘吉尔、斯大林，建议反轴心各国召开联合军事会议。英国首相丘吉尔表示赞同，斯大林因苏联与德国正处于鏖战之中，一时不能对日宣战；罗斯福则复电蒋介石，主张采取迅速行动。12 月 23 日，东亚联合军事会议在重庆举行，会议主要内容是商讨对日作战的战略问题。

手端汤姆冲锋枪的丘吉尔

12 月 27 日，罗斯福在接见中国政府外交部长宋子文时谈到美、英已商定在华盛顿召开军事会议，在各战区设立联合指挥部，南太平洋由中、美、英、荷组织共同机构工作。次年 1 月 1 日，华盛顿会议发表了同盟国共同对轴心国作战的联合宣言，有26个国家加盟，美、苏、英、中四国牵头。

1943年，盟军在太平洋战场接连取得胜利，日军已处于被动挨打的局面，这时，同盟国有必要举行国际性会议来讨论击败和处置日本问题。8月，美、英魁北克会议决定在德国投降后的12个月内必须击败日本，美、英参谋长联席会议制订了具体作战方案。10月，斯大林曾向美国国务卿赫尔表示：苏联在盟军击败德国后参加对日作战。10月下旬，罗斯福致电蒋介石，希望在开罗与他会晤。11月上旬，蒋介石接受邀请，他为开罗会议准备了一个共同宣言，主要有：《大西洋宪章》适用于全世界各国各民族，必须获得此次战争的最后胜利，中国东北与台湾必须归还中国，建立战后有力的国际和平机构，成立太平洋对日作战联合参谋部分设于重庆与华盛顿等内容。

11月18日，蒋介石一行20人赴开罗。23日，开罗会议正式开幕。

1943年11月，宋美龄陪同蒋介石赴埃及参加中、美、英三国开罗会议

三巨头参加雅尔塔会议

12 月 3 日发表《开罗宣言》，这是同盟国第一次敦促日本政府投降的文件。

1945 年 7 月 17 日，苏、美、英三国首脑斯大林、杜鲁门、丘吉尔在德国波茨坦开会。26 日，在征得中国政府同意后，以美、英、中三国名义（后来苏联也在公告上签了字）发表了《波茨坦公告》，再次敦促日军无条件投降。

此前的 3、4 月份，盟军相继攻克硫磺群岛和冲绳岛，突破了所谓日本本土的“外围防御线”，这引起日本朝野的极大震动。丧失了这最后一道屏障，日本也只能在本土负隅顽抗，做垂死挣扎。为此，大本营制订了本土决战的《帝国陆海军作战计划大纲》，倾其残存的陆海军 200 余万人，飞机 5000 架，并强迫国民编入“国民义勇战斗队”，准备殊死一搏。

大本营的总决战计划分三个阶段。第一个阶段，撤离在中国华中、华东日军，摧毁江南地区，包括毁灭广州、武汉、南京、上海和杭州。第二阶段，日军退守黄河以北，凭借黄河天堑打一场防御战，为日本本土决战积聚力量。第三阶段，全力保卫东京，以自杀战术阻抗盟军进攻，如果东京一旦陷落，日本即无条件投降。但中国华北、东北及朝鲜约100个师团的日军，其中又以关东军为主，固守东北与朝鲜，决心顽抗到底，直至全军覆没。

日本军阀自成为日本社会生活中的主宰力量后，一直是狂傲不羁。即便如今是大难临头，依然杀气腾腾。他们既不愿承认战败，也不愿投降，他们坚信，只有军队，才让日本知道最需要什么。刚愎自用的军国主义分子，把日本带到了毁灭的边缘，这既是军阀的悲哀，亦是日本的不幸。

当然，日本国内也有一部分人谋求妥协，希望苏联出面调解，“斡旋”和平，但遭到拒绝。7月的波茨坦会议，日本继续制造求和空气。7月21日，美国对日广播：如果日本不及时投降，即将遭受毁灭性的打击。对美国这种具有针对性的警告，日本政府漠然视之，仍然讨价还价，说什么如果对无条件投降加以修改，日本军方即可停止作战。然而，战局的发展，对日本愈加不利，已到了岌岌可危的最后关头。

波茨坦公告发表不久，日本战争最高指导会议开会讨论，外务大臣东乡茂德认为波茨坦公告的条件有别于以前提出的条件，如果拒绝，是极不明智的。疯狂的军部则持强硬态度，声称对公告不予理睬，叫嚣将战争进行到底。

同日下午，日本内阁举行会议，讨论采取何种方式向日本人民公布《波茨坦公告》。外务大臣东乡坚持以公告作为和谈条件，政府应做出决断，并向全国公布。厚生大臣冈田忠彦认为公告既已向全世界公布，国人迟早会知晓，政府应正式向人民公布。陆军大臣阿南惟几则态度强硬，声称在

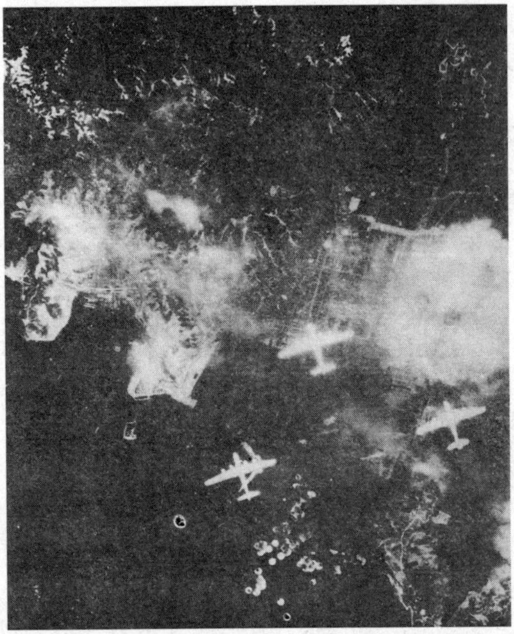

美国轰炸机群对日本军事目标实施打击

公布公告之时，必须发表措辞强烈的声明，对公告某些条款提出反对意见。最后日本内阁采取折衷办法，只对《波茨坦公告》发表了一条简短新闻，欲盖弥彰。

7 月 28 日下午，日本首相铃木贯太郎在官邸举行记者招待会，进一步表明日本政府的决战立场。大日本政治会议总裁南次郎在接见记者时也叫嚣，日本仅能与世界各国根据正义与平等获得和平生活之时，才能考虑和平谈判。同盟国家在《波茨坦公告》中所指出的和平条件，与日本人民所想象的公正和平条件恰恰相反。因此，日本除继续作战外，别无他途。

铃木和南次郎等人的顽固立场，表明了日本政府拒绝《波茨坦公告》的态度，这引起同盟国的无比愤慨。

同一日，美国再次发表对日广播讲话，声称美、英、中已决心将日本军国主义完全消灭，日本军阀有必要将日军在各地被盟军歼灭的事实真相告诉国人。但是,这群战争贩子已是丧心病狂,他们决意“本土决战”。

一向敢说敢干的美国人再无耐心等待了。8 月 6 日和 9 日，美国陆军航空队相继向日本广岛和长崎投掷了原子弹。与此同时，苏联也履行自己的承诺，于 8 日对日宣战。曾经不可一世的大日本帝国，终成彻底崩溃之势。

【三】空中有朵蘑菇云

日本政府拒绝了《波茨坦公告》以后，一向敢说敢为的美国人再无耐心等待了。八月六日和九日，美国陆军航空队相继向日本广岛和长崎投掷了原子弹。人类用于实战的原子弹，就这样无情地落在这两个城市，巨大的震撼力和威慑力令人永生难忘。

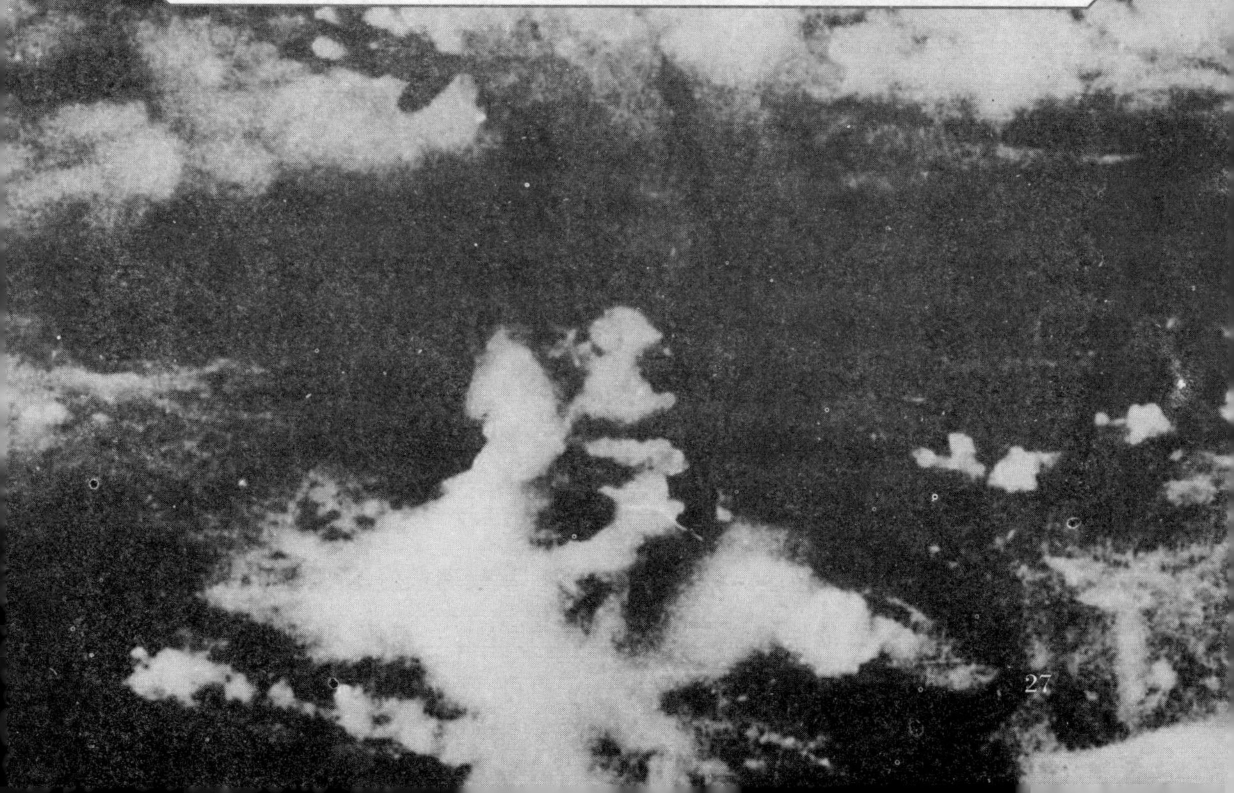

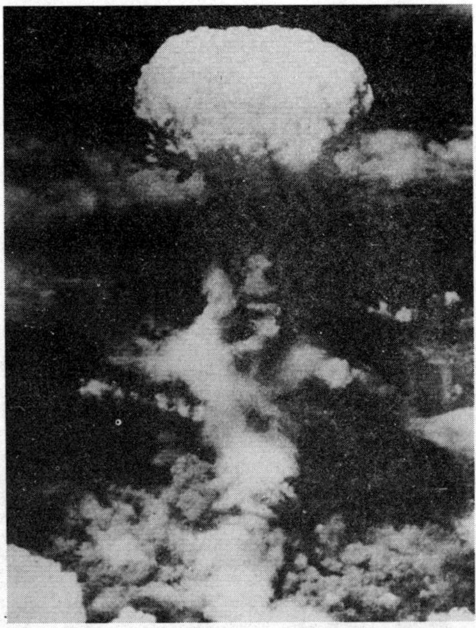

原子弹在广岛上空爆炸

1945 年 8 月 6 日，日本和全世界的收音机，都能收听到美国总统杜鲁门言辞激烈的广播声明：

……日本当局执迷不悟，拒绝了那项旨在挽救日本人民的最后通牒。现在，如果他们仍拒不接受我方条件，可以预言，地球上从未出现过的毁灭性打击将从空中向他们袭来。

当杜鲁门的声音在空中回荡之时，这一毁灭性的打击武器已经载上飞机，从美军基地悄然飞向了日本。

这天清晨，广岛笼罩在一层薄雾之中，在日本各城市相继被美军轰炸成一片废墟之时，这里似如世外桃源，享受着美好的阳光和空气。

然而，不幸很快降临，一架名为“伊诺拉·盖伊”的 B-29 轰炸机

研制原子弹的建议是由爱因斯坦提出的

正飞临广岛上空，肩负着一个可怕的使命。8 时 15 分，飞机从 9600 米的高空投掷下一个重达 5 吨的庞然大物后就掉头离去。当这个不为人知的大家伙离地面约 600 米时，突然发出令人目眩的白色闪光，继而传来山崩地裂般的爆炸声。顷刻之间，翻滚的黑色烟幕覆盖了整个广岛。火柱上下飞窜，高温的火焰抽吸着四周的空气，令人窒息，广岛随即化为灼热的地狱，爆炸中心的一切生物和设施被摧毁殆尽。不一会，巨大的火球冉冉升腾，形成一个硕大无比的蘑菇云。人类用于实战的原子弹，就这样落在广岛上空，巨大的震撼力和威慑力令人永生难忘。

20 世纪初，一些科学家就倾心研究原子能的利用问题。1938 年末，德国化学家哈恩和施特拉斯曼通过长期实验发现，受中子轰击后的铀核会发生裂变。次年，在美的意大利著名物理学家费米指出，原子能的裂变会在极短的时间内释放出巨大能量，如果制造成原子武器，其威力难以想象。

1939 年，匈牙利核物理学家西拉德和特勒来到美国，他们为制造原子弹一事四处游说，但结果面壁而归。无奈之下，他们找到著名科学家爱因斯坦，请他出面直接给罗斯福总统写信，坦陈此事。

时隔两月，罗斯福总统在白宫椭圆形办公室里，读着爱因斯坦给他

"曼哈顿工程"的总指挥格罗夫斯（左）和物理学家奥本海默

的来信。信中强调了原子武器的巨大威力，提议美国政府组织生产。罗斯福考虑许久，决定实施。

1941 年 12 月 6 日，罗斯福批准了一项大规模研制原子弹的计划，可就在次日，日本发动了偷袭珍珠港事件。而 3 年后，美国把原子弹最终又投向了日本。若把两者联系起来看，不知是天意，还是巧合，抑或罪有应得。

1942 年 8 月 11 日，格罗夫斯将军受命主持"S–11"研制原子弹委员会成员会议，制订了"曼哈顿"计划。

1945 年 4 月 25 日，陆军部长史汀生向新总统杜鲁门全面汇报了"曼哈顿"计划。同年夏，第一批三颗原子弹制造成功，代号分别为"小男孩"、"大男孩"和"胖子"。7 月 16 日，人类首次核试验在新墨西哥州的沙漠中进行，获得巨大成功。

在原子弹即将诞生之前的 5 月 31 日，杜鲁门就向日本投掷原子弹问题进行会商，经过激烈讨论，委员会最终决定："应尽快地对日使用原子弹……使用时不宜事先提出警告。"

7 月 24 日，杜鲁门指令美战略空军司令斯帕兹将军，派遣第二十航空队五〇九大队，在8月3日后气候条件允许下，立即在日本广岛、小仓、新泻和长崎四个城市中选择目标，实施打击。

两天后，中美英联合发表了《波茨坦公告》，要求日军无条件投降。日本政府拒绝了盟国的最后通牒。8月2日，杜鲁门下令向日本投掷原子弹。在四个目标中，最终选择了广岛和长崎。

8月6日8时15分17秒，“伊诺拉·盖伊”所携带的原子弹“小男孩”呼啸而下。仅仅是瞬间工夫，广岛遭遇了人类历史上空前的惨烈情景。相当于一万七千吨常规烈性炸药的原子弹，把广岛市中心夷为平地，在这场灾难中，实际死亡人数超过了15万。

原子弹在广岛爆炸后，日本政府不仅没有投降迹象，相反通过瑞士

代号为“小男孩”的核装置被放置在拖车支架上，准备装进“伊诺拉·盖伊”号轰炸机的弹仓里

1945年8月6日和9日，美国在日本广岛和长崎投掷的两颗原子弹，分别为“小男孩”和“胖子”

政府向美国提出最强烈的抗议。但美国未予理睬，决定实施第二次空中打击。8 月 9 日上午 10 时 58 分，绰号为“胖子”的原子弹又一次从高空坠落长崎，日本再次遭到核爆炸的重创。

【四】铁骑南下

日本在受到原子弹的攻击后，仍然执迷不悟。面对强硬的美国人，日本当局只能寄希望于苏联继续保持中立，这样，日本即使不能卷土重来，至少也还能决一死战。然而，苏联在击溃德国法西斯后，于八月九日对日宣战。苏联红军迅急南下，日军全线崩溃。

无论是日本内阁还是军方，都不曾想到美国会实施核打击。即使在广岛遭到原子弹的攻击后，日本当局仍然执迷不悟，殊死抵抗，妄图以本土决战作为最后的赌博。

面对强硬的美国人，日本当局只能寄希望于态度未曾明朗的苏联身上。只要它继续保持中立，日本即使不能卷土重来，至少也还能决一死战。然而，日本人又一次失策了。

8 月 8 日，苏联外交部长莫洛托夫正式约见日本驻苏大使佐藤，郑重宣布，德国已无条件投降，只有日本仍在坚持战争。现在同盟国邀请苏联政府参加对日作战，以缩短战争时间，减少伤亡，尽早实现全面和平。苏联政府恪守义务，已接受盟国的提议。自 8 月 9 日起，苏联对日本处于战争状态。

苏联这个不是宣战书的宣战书，对日本来说，不啻于晴天霹雳！这个曾被日本视为远东最强大的假想敌，在击败德国法西斯后掉转枪口，终于向日本开火。

1905 年日俄战争后，日本强占原被沙俄“租借”的关东州和“满铁”，同年 9 月，在辽阳设立殖民统治的“关东总督府”。次年 8 月，改称“关东都督府”，并陆续增兵东北。1919 年，驻满日军进行了空前大调整，以关东厅取代都督府，同时设立关东军。

1931 年，关东军参与发动“九一八”事变，进占东北。1932 年 3 月又炮制伪满洲国。“七七”事变后，不断派部队入关，参加全面侵华战争。

1941 年苏德战争爆发后，日本积极做出对苏战争的准备，并有针对性地进行了一次秘密军事大调动，即所谓的关东军特别演习，简称“关特演”，使关东军成为拥有 70 余万部队的庞大军事力量。“关特演”之后，关东军兵力不断扩大，最多时达到 100 万人，成为日本陆军的精锐部队。由于关东军所处的地位和重要性，关东军司令官都是由天皇亲自任命。

1945 年 5 月，纳粹德国宣布投降，而日本当局还在继续做着“亚洲大帝国”的迷梦。为全力建立积极防御体系，日本把陆军近一半的兵力都集中在中国，而用了差不多 15 年时间精心培植的精锐之师关东军 70 万人，则继续驻扎中国东北和朝鲜等地。再加上伪满等军队，总兵力达 100 万左右，试图顽抗到底。

德国投降后，苏联西线部队大量调往中苏边界集结。为了加强对日

1945年苏联红军向中国东北进军

苏联红军向满洲里进军

苏联红军进入中国东北

作战的领导，特成立苏军远东总部，任命华西列夫斯基元帅为总司令，制订了进攻路线、进攻目标以及切断日本关东军与关内、朝鲜日军联系的作战计划。在军事上，已做好了对日决战的充分准备。

8月9日零时刚过，在华西列夫斯基元帅的指挥下，苏联集中170余万远东军，配以6000余门火炮，5500余辆坦克，3800余架飞机，兵分3路在千余公里的战线上发起了全面攻击。苏军进入中国东北后，以迅雷不及掩耳之势突破日军防线，将关东军分别围困在齐齐哈尔、哈尔滨、吉林、长春、沈阳等几个孤城，胜负从一开始就已成定局。

大兵压境，日军像雪崩似的全线溃败，仅仅一周时间，70余万关东军就瓦解。8月16日，日军向苏军提出停战请求。次日，在长春日本关东军司令部召开了日军高级将领会议，关东军总司令官山田乙三大将宣读了华西列夫斯基的电报，电文教训他们必须学会使用“投降”二字，并且明示其所属部队务必在8月20日中午12时以前全部放下武器，停止一切敌对行动。18日，曾经骄横一世的日本关东军向苏军投降，东北全境解放。

8月22日，这是一个值得纪念的日子。日本关东军总司令官山田乙三率领97名将领、1500余名军官，在长春关东军东城演习所举行了投降仪式。

9时半，华西列夫斯基元帅等众多高级将领乘车来到这里。马利诺夫斯基元帅走上阅兵台，宣布受降开始。升旗仪式结束后，山田乙三走到华西列夫斯基面前，恭敬地将关东军的编制、武器、人员名单和序列表呈递。接着，华西列夫斯基走上阅兵台，以受降者的身份讲话。最后

苏军攻占哈尔滨

他说："日军将士们，你们所从事的战争已经彻底失败。我只希望你们能深刻反思这场战争，永远不再拿起武器，成为人类和平的使者。"

原子弹的凌空一爆，苏联的对日宣战，犹如两把利剑，彻底摧毁了日本军国主义的战略和精神防线。

如果说美国投掷原子弹，其毁灭性的破坏，给日本造成了巨大的威慑作用，从心理感受到一种莫大的恐惧；那苏联排山倒海地强势出击，则沉重地打击了日本皇军的锐气，从精神上承受着一种巨大的失败。

如此，"空"与"地"的夹击，"内"和"外"的互应，几乎在很短时间内，就决定了日本国投降的命运。历史就从这里转弯，为第二次世界大战终战，迅即划上了一个休止符！

在通辽附近的桥上，苏联红军军官等候着持白旗投降的日本特使

不可否认，日本国力枯竭，败局已定，投降只是时间问题。但需要正视的是，日本军国主义的狂热和嚣张，是有目共睹的；加之“宁为玉碎,不为瓦全”的民族特性,使得他们不会轻易放下武器。在这种情况下，军事上的致命一击，其意义不可估量。

特别表现在中国战场，战争进程的急转之下，尤为明显。尽管中国军队经历了战略撤退和相持阶段后已转入大反攻，但必须看到，我们所面对的侵华日军，依然强大。

据 8 月 21 日冈村宁次交出的一份侵华日军部队名册中，可以得知，日军投降时的总兵力包括 1 个司令部、3 个方面军、10 个军、36 个师团、41 个独立旅团、1 个骑兵旅团、19 个独立警备队及支队、6 个海军特别根据地及陆战队，其中华北方面军 326244 人，华中地区第六方面军 290367 人，京沪地区第六、十三军 330397 人，广东地区第二十三军 137386 人，越北地区第三十八军 29815 人，台湾地区第十方面军 169031 人，总人数多达 1283240 人。

至于日军的武器装备，更是数量不凡，有火炮 12446 门、轻重机枪 29822 挺、各类战车 15785 辆、坦克 383 辆、装甲车 151 辆、马匹 74159 匹、各种飞机 1068 架、舰艇船舶 1400 艘。

因此，摆在中国军队面前的日军依然强大。客观的说，中日双方的军事实力对比，中方仍有不小的差距。想一举击溃日军，在短时间内结束这场战争，并非坦途。而美国使用核武器和苏联对日宣战，无疑大大缩短了战争进程。若不是如此，中国的抗战之路还很漫长，中国人民还将付出更多的鲜血和生命，付出更大的代价，以抗击日本侵略者，直至赢得最后胜利。

当然，日本帝国主义的覆亡，是全世界反法西斯国家和人民共同努力、浴血奋战的结果。中国人民就是在日本法西斯的蹂躏之下，挺起胸膛，不屈不挠，付出八载岁月年华，用血泪、用意志、用气节、用耐心、用生命，筑起了日军始终未能逾越的最后一道城墙，为世界反法西斯做出了巨大贡献，赢得了全世界人民的尊敬。如果没有这些抗争和奋斗的历史进程，就不会有今天如此顺利的结局，其必然的因果关联，是不争的事实。

【五】穷途末路的决断

原子弹的凌空爆炸，苏联的对日宣战，犹如两把利剑，彻底摧毁了日本军国主义的战略和精神防线。在穷途末路之下，日本天皇做出了接受《波茨坦公告》的决定，宣布结束战争，向同盟国无条件投降。

苏联对日宣战后，日本朝野一片恐慌，外务大臣东乡惊呼苏联参战如此之快，是绝难料到的；铃木首相更是哀叹：苏联参战，使我们最终陷入绝境，一切终于迫近！天皇裕仁也发出哀鸿之鸣，很无奈地对铃木说："我们再没有力量打下去了，你还是召集最高战争指导会议，寻找方式早日结束战争吧！"

8 月 9 日，日本召开战争最高指导会议，讨论日本是否接受波茨坦公告，无条件投降。主持会议的铃木首相说：鉴于广岛遭到核武器袭击和苏联出兵中国东北，日本已无力再战，接受《波茨坦公告》是唯一选择。海军大臣米内也说：我们应该接受盟军的最后通牒。两派为此展开激烈争论，以铃木、米内为代表的主和派主张在保留天皇体制下接受《波茨坦公告》，无条件投降；而以陆军大臣阿南、参谋总长梅津美治郎为代表的死硬派则提出许多先决条件，包括盟军不得在日本本土登陆、由日本政府审判战犯、在国外的日本军队不采取投降形式、保留天皇制等。双方各抒己见，会议毫无结果。同日下午，召开第一次临时内阁会议，两派仍旧激烈争执，至晚 8 时许不欢而散。铃木遂将两种意见奏请天皇决断。

晚 11 时 30 分，日本天皇召开御前会议。内阁书记长官迫水久常宣读了《波茨坦公告》，铃木介绍了战时最高指导会议两派争论的情况及其观点，特别宣读了外务大臣的提案："日本政府准备接受1945年7月26日由美国、英国和中国政府，以及后来由苏联政府签字的在波茨坦发表的联合公告中所列举的条款，但应取得如下谅解，即上述公告并不包含任何有损于陛下作为至高统治者之特权的要求……"两派再次唇枪舌战，以参谋总长为代表的军方仍不思悔改，认为"以日本之战力而作战，固不能期其必胜，然未必失败，宁为玉碎，毋为瓦全"，妄图在"绝望中寻找生机"。

铃木见两派意见实难统一，便站起身，走近天皇说："会议已进行了两个半小时，但仍未能议决。事态已经到了刻不容缓的状况，只能听从天皇裁决。"他把这只踢来踢去的皮球又交到裕仁天皇手中，唯有他才具备完成临门一脚的权力。

仿佛在一夜之间就老了许多的天皇，带着沮丧的神情严肃地说：我赞成外务大臣的意见，以我国现状与列国情势，如再继续战争，不仅日本趋于灭亡，世界人类亦将陷于不幸，此际唯有忍受一切，结束战争。

裕仁天皇的发言，可谓"一语定乾坤"，打破两派相持的僵局。既然日本国至高无上的统治者也低下高昂的头，其他人又怎能不服从"圣断"？最后大家达成一致意见，向盟军投降。

接着，各大臣返回内阁继续开会，讨论有关投降的措辞问题，10日凌晨4时达成协议，以不改变国体为唯一条件，做出了接受《波茨坦公告》的决定。长达一天一夜的马拉松式的内阁会议即御前会议和最高军事会议，终于以"投降"而告结束。

上午6时45分，外务省正式电告中立国瑞士和瑞典政府，请转告中、美、英、苏四国政府，日本接受《波茨坦公告》，决定无条件投降。当日，日本政府发布公告：

帝国政府在理解昭和二十年七月二十六日发表的美、英、中三国首脑共同决定，以后又有苏联政府参加的对我国的共同宣言所举出的条件中不包括改变天皇统治国家大权之要求下，帝国政府接受此宣言。

8月14日，裕仁天皇向议会宣布接受《波茨坦公告》，无条件投降

同日，日本东京电台广播了这条消息。日本当局终于像狐狸一样，向世人摇起了乞怜的尾巴。

瑞士驻美国代办葛拉斯理向美国政府转交了日本政府关于投降建议的照会："日本政府为遵从天皇陛下恢复全面和平，希望战争造成之不可言状痛苦能尽速终结起见，乃作下列决定：日本政府准备接受中、美、英三国政府领袖于一九四五年七月二十六日在波茨坦所发表其后经苏联政府赞成之联合宣言所列举之条款，但应取得如下谅解，即上述公告并不包含任何有损于天皇陛下作为至高统治之皇权的要求。日本政府竭诚盼望这一谅解能得到保证，并希望很快获得对上述谅解的明确指示。"

美国总统杜鲁门在当日东京电台的广播中收听到日本宣布投降的照会，接着，国务卿贝尔纳斯收到日本投降的正式照会。11 日，贝尔纳斯

杜鲁门总统在他的椭圆形办公室向记者宣布日本已投降

代表美、英、苏、中四国复电日本："自降伏之时起，天皇及日本国政府统治国家之权限，将隶属于为了实施降伏条款而采取必要措施的盟军最高司令官。"

8 月 13 日上午 9 时，为讨论复照，日本再次召开战争最高指导会议。主和派同主战派继续论战，双方争执不下。下午，内阁会议继续召开，焦点问题为是否承认保留天皇制为国体。参加会议的有 16 人，其中 12 人同意接受同盟国的照会，一人弃权，只有阿南等 3 人反对。最后铃木表示，既然几次会议都无结果，在这国运攸关的重要时刻，只好再请天皇定夺。

由于日本统治集团内部的矛盾和分歧，日本政府对同盟国的复电迟迟不予答复。8 月 14 日，日本军方还发布作战命令，令中国派遣军要不惜一切代价抗击中国军队的进攻，并叫嚣要与盟军进行持久战。

为了进一步对日本施压，美国出动飞机飞临日本上空，散发了百万传单。日本接受波茨坦会议的照会以及同盟国复照的宣传品从天而降，把日本政府一直讳莫如深的交涉秘密公诸于众。

8 月 14 日 10 时 30 分，御前会议在皇宫防空洞内举行。铃木首相在会上说，多数大臣已接受盟国答复的条件，现准备正式发表诏书，因事关重大，且时间紧急，天皇陛下需要再亲自聆听不同意见，以便做出决断。会上，军方死硬派顽固不化，恳请准予再照会，如遭拒绝，宁可死中求活，继续打下去。在死一般的沉寂之后，裕仁天皇终于开口，他综合分析了国内现状和世界局势，认为日本确实无力再战，若继续顽抗，终将毁灭。他要求内阁尽快起草终战诏书，以挽救国民的生命与大和民族的生存。为防止因宣布投降而可能引发的骚动，天皇还决定亲自广播投降书。

好战的日本军国主义分子不甘就此失败，当天皇在穷途末路之下决心结束这场战争时，会上响起了哭泣之声和呜咽之声，他们在为一个穷兵黩武、作茧自缚的帝国哀嚎。然而，气数已尽，命将终结，谁也挽救不了。日本投降前的最后一次御前会议，成了日本统治者咎由自取的真实写照。

会议结束后，日本内阁召开了全体成员会议，一致同意天皇的意见。当晚，日本政府通过投降诏书，并为天皇的广播诏书录了音。

随后，日本政府立即通过瑞士驻美代办再次照会同盟国，说明天皇已授权日本政府和大本营坚决执行《波茨坦公告》，同时天皇还下令所有日军停止一切军事行动，收缴武器。

8 月 15 日 12 时整，日本向全国播放了裕仁天皇宣读《停战诏书》的录音。日军在海外的所有部队也同时收听了广播。心力交瘁的裕仁天皇，用那略带嘶哑的声音宣布："朕深鉴于世界大势及帝国现状，欲采取非常之措施，以收拾时局，兹告尔等臣民，朕已饬令帝国政府通告美英中苏四国愿意接受其联合公告。……如仍继续交战，则不仅导致我民族之灭亡，并将破坏人类之文明。如此，则朕将何以保全亿兆之赤子，陈谢于皇祖皇宗之神灵。此朕所以饬帝国政府接受联合公告者也。……"

1945年8月14日，裕仁天皇宣读《终战诏书》

同一天，美国代表同盟国致牒日本政府：1. 下令所属部队停止敌对行动，并将停止军事行动的确切时间通知麦克阿瑟；2. 立即派专使直接到麦克阿瑟所在指定地点部署一切，以便于麦克阿瑟在指定地点监视投降仪式；3. 接受麦克阿瑟指定签订投降书的时间、地点及细节。

8 月 19 日，日本洽降专使、日军总参谋次长河边虎四郎中将飞抵菲律宾马尼拉，向盟军总部提供有关日军的资料，听取指示。日本天皇还分别派皇室成员，到驻中国、东南亚、伪满洲国的日军传达《停战诏书》。至 8 月 22 日零时，所有日军部队停止了军事行动。

随后，接受日军全面投降，在各国各地区相继展开。

【六】历史选择了芷江

八月十日，中国政府从外电获悉日本宣布无条件投降的消息，十五日，正式收到日本政府投降电文。历时八年的抗战，终成正果。胜利后的头等大事，就是接受侵华日军投降。芷江这座小县城，因日军在此洽降而一夜成名。

1945 年 8 月 10 日，中国政府从外电广播中获悉日本政府宣布无条件投降的消息，分别致电美、英、苏三国首脑表示祝贺。

《中央日报》于 11 日刊载了关于日本政府请求投降的报道。同日，中央通讯社也广播了这一消息。

15 日上午 7 时，中国政府外交部正式收到日本政府致中、美、英、苏四国投降电文：

一、关于日本接受波茨坦宣言之各项规定事，天皇陛下业已颁布敕令。

二、天皇陛下准备授权，并保证日本政府及日本大本营，签订实施波茨坦宣言各项规定之必需条件。

三、天皇陛下并准备对日本所有海陆空军当局，及在各地受其管辖之所有部队，停止积极行动，交出军械，并颁发盟军统帅部所需执行上述条件之各项命令。

次日晨，蒋介石在重庆发表了重要的广播词："全国军民同胞们，全世界爱好和平的人士们，我们的正义必然胜过强权的真理，终于得到了它最后的证明，这亦就是表示了我们国民革命使命的成功，我们中国在黑暗和绝望的时期中，经过八年奋斗，今天才得到实现，我们对于显现在我们面前的世界和平，要感谢我们全国抗战以来忠勇牺牲的军民先烈，要感谢我们为正义和平而共同作战的盟友。”

中国陆军总司令何应钦

他指出：“我全国同胞们，自抗战以来，八年间所受的痛苦与牺牲，虽是一年一年的增加，可是抗战必胜的信念，亦是一天一天的增强，尤其是我们沦陷区的同胞们，受尽了无穷摧残与奴辱的黑暗，今天是得到了完全解放，而重见青天白日了，这几天以来，各地军民的欢呼与快慰的情绪，其主要意义亦就是为了被占领区同胞获得了解放。现在我们抗战是胜利了，但是还不能算是最后的胜利，须知我们战胜的含义决不止是在世界公理力量，又打了一次胜仗的一点上，我相信全世界人类与我全国同胞，都一定在希望着这一次战争是世界文明国家所参加的最末一次的战争。如果这一次战争是人类历史上最后一次的战争，那么，我们同胞虽然曾经受了忍痛到无可形容的残酷与凌辱，然而我相信我们大家决不会计较这个代价的大小，和收获的迟早的，我们中国人民在黑暗和绝望的时代，都秉持我国民族一贯的忠勇仁爱，伟大坚忍的传统精神，深知一切为正义和人道而奋斗的牺牲，必能得到应得的报赏……”

接着他强调说："我中国同胞们，须知不念旧恶及与人为善，为我民族传统至高至贵的德性，我们一贯声言，只认日本黩武的军阀为敌，不以日本的人民为敌，今天敌军已被我们盟邦共同打倒了，我们当然要严密责成他忠实执行所有的投降条款，但是我们并不要报复，更不可对敌国无辜人民加以污辱，我们只有对他们，为他的纳粹军阀愚弄所驱迫而表示怜悯，使他们能自拓于错误与罪恶，要知道如果以暴力答复敌人从前的暴行，以奴辱来答复他们从前错误的优越感，则冤冤相报，永无终止，决不是我们仁义之师的目的，这是我们每一个军民同胞今天所应该特别注意的……"

最后他声言："我确实相信，全世界永久和平，是建筑在人类平等自由的民主精神和博爱互助的合作基础之上，我们要向着民主与合作的大道上迈进，来共同拥护全世界永久的和平。"使敌人"能彻底忏悔"，这样，才能"达到我们全体人类企求和平及此次世界大战最后的目的"。

胜利来的是那样的突然，而接踵而至的头等大事，就是接受侵华日军投降。

蒋介石很清楚，谁来代表他接受日本投降，将为世人所关注。经过深思熟虑，最后决定由何应钦作为他的特派代表，主持并接受日本投降。

蒋介石缘何钦点何应钦？一是何氏长期拥蒋，协助他排斥异己，巩固了蒋介石的执政地位，深得信任；二是忠实执行蒋介石的对日政策，数度在对日谈判中出任代表，秉承旨意，不打折扣。因此，蒋介石把接受侵华日军投降的大事，交给何应钦来主持，代表他与日军签字，也就顺理成章。

当然，何应钦也并非毫无二心，"西安事变"发生后，他置蒋氏生死于不顾，主张用武力解决，妄图取代蒋介石。此外，早年，他与蒋氏之间也发生过不愉快的事。但这些仅仅如大河中泛起的一丝涟漪，不足以影响他们之间长期的“友情”。

蒋介石在指定何应钦作为特派受降代表主持对日受降工作后，立即要身处南宁的何应钦飞往重庆，商议有关事项。

何应钦迅即乘专机飞抵山城。在蒋介石寓所，老蒋是面授心计，详细交待了有关受降的具体事宜。何应钦言听计从，俯首领命。作为特派受降代表，他是带着蒋介石的影子，走上主持接受侵华日军投降之路的。

15 日上午，蒋介石以中国战区盟军最高统帅名义致电南京驻华日军最高指挥官冈村宁次，指示日军六项投降原则：

> 南京日军驻华最高指挥官冈村宁次将军鉴：一、日本政府已正式宣布无条件投降。二、该指挥官应即通令所属日军停止一切军事行动，并速派代表至玉山接受中国陆军总司令何应钦之命令。三、军事行动停止后，日军可暂保有其武装及装备，保持现有态势，并维持所在地之秩序及交通，听候中国陆军总司令何应钦之命令。四、所有飞机及船舰停留现在地，但长江内之船舰应集中宜昌、沙市。五、不得破坏任何设备和物资。六、以上各项命令之执行，该指挥官及所属官员，均应负个人之责任，并迅速答复为要。

同一时间，电文通过中央台、军事委员会军中电台等，分别用中文和日语播出。同时电文还用中、日两国文字印成上百万份传单，连同《告沦陷区同胞书》一起，由航空委员会派专机八架，向沦陷区各城市散发。

同日，冈村宁次收到日本天皇广播的投降诏书，一面声泪俱下地“训示”部属“谨遵圣谕”，一面又发电给陆军大臣阿南和参谋总长梅津美治郎，请求继续作战。他狂妄地说：“派遣军拥有百万余众，且连战连胜，在国家之战争上虽已失败，但在战役上仍居于压倒性胜利之地位，以如此优势之军队而由软弱之重庆军队来解除武装，实为不应有之事。”次日夜，大本营令其“即刻停止战斗”，冈村宁次一面电令下属即刻停止军事行动，同时又指示军队“停战交涉未有行动之前，敌若来攻，为了自卫可采取战斗行动”。

17 日清晨，冈村宁次依然叫嚣：“必要时应行使武力自卫。”他一再自称“停战”，竟只字不提无条件投降。显然，他根本不承认日本是战败国，且已接受《波茨坦公告》条款，并正式向盟国无条件投降这一现实。

这张碟片灌制的是裕仁天皇向全国广播投降书的“御音”

所以，直到当日下午 17 时 30 分，蒋介石才收到冈村宁次的复电：

中国战区最高统帅蒋中正阁下：今派今井总参谋副长和桥岛、前川二参谋率随员三人，准于本月十八日乘飞机至杭州等候尊命，再续飞至玉山。他们乘坐双引擎飞机一架，无特别标识，请知照玉山飞机场派员接待，仰赖照料为感。

蒋介石接到冈村宁次的电报后，便着手准备受降工作。此前在 8 月 13 日，蒋介石便提出处理日军投降要点。15 日，他又电示各战区接受日本投降应注意的事项：

一、敌已无条件投降。二、同时令敌驻华最高司令官，转饬所部，即就现态势停止一切军事行动，不得破坏物资交通，扰乱治安秩序，听候所在地中华民国陆军总司令或战区长官之处置，并限二十四小时之内答复。三、各战区应注意下列各项：甲、对敌可能之抵抗与阻扰，应有应战准备。乙、并应警告辖区以内敌军，不得向我已指定之军事长官以外任何人投降缴械。丙、对封锁地伪军，应策动反正，并迅即确保联络掌握其令先期包围集中之敌，先将控制敌军撤离后之要点要线，以待国军到达。丁、对投降之敌军及俘虏，不得危害，并恺切通令所属官兵。戊、各战区除以主力挺进解除敌军武装外，应残留所要部队维持当地治安。已、国军之整编，得由各地区长官斟酌状况暂缓实施。四、该总司令对敌后各要点要线之挺进占领，及令敌军分区集结监视缴械办法，仰即日拟具详细计划呈核。

根据蒋介石的电谕，中国陆军总司令部训令，下列人员前往各省市负责主持接收：南京市市长马超俊、上海市市长钱大钧、北平市市长熊斌、天津市市长张廷锷、广州市市长陈策、汉口市市长徐会之、青岛市市长李先良、江苏省政府主席王懋功、浙江省政府主席黄绍竑、安徽省政府主席李品仙、江西省政府主席曹浩霖、湖南省政府主席吴奇伟、湖北省政府主席王东源、福建省政府主席刘建绪、广东省政府主席罗卓英、广西省政府主席黄旭初、河南省政府主席刘茂恩、山东省政府主席何思源、河北省政府主席孙连仲、山西省政府主席阎锡山、热河省政府主席刘多荃、察哈尔省政府主席冯钦哉、绥远省政府主席傅作义、台湾省（包括澎湖列岛）行政长官陈仪。

17 日晨，何应钦以陆军总司令、战区总司令名义致电驻湘西第四方面军司令部：日军将在芷江向我投降，速派员妥慎准备典礼及官员来宾的接待事宜。司令官王耀武接到何应钦的急电后，深感洽降之事干系重大，一刻不敢迟缓，当即召集副官处处长赵汝汉少将，选派人员前往芷江，全权负责洽降筹备工作，担负好这一关乎中华民族国际声望的历史重任。

随后，赵汝汉等人赶到芷江，落实典礼场所和交通工具，做好接待的准备工作。筹委会经反复研究，确定洽降中的 5 项主要工作：一、筹备机构暂名“日军投降签字筹备委员会”，由新六军军长廖耀湘中将任主任。二、一切交通工具均由新六军提供。三、所需餐具由兵站司令部提供。四、经费由兵站司令部垫付，不受预算限制，以庄重大方为原则。五、聘请赵汝汉为总干事，其他参与者均为干事。

深受八年战争煎熬的芷江人民，被思念已久的胜利喜讯所感染，各级各方全力支持，创造条件，使洽降的准备工作得以顺利展开。

由于日本投降的消息来得太突然，国民党方面颇感准备不足，一时显得有点手足无措。至于派哪支部队到南京、上海、北平这些特别重要的城市去接受日军投降，蒋介石也是斟酌不定。当时，第三战区司令长官顾祝同向陆军总司令何应钦建议由自己所属部队赴南京受降，何倾向此议，遂向蒋提出，并获首肯。

但是，当蒋介石在会议上正式表示由顾将军所部赴南京受降时，中国战区参谋长美国将军魏德迈提出异议，理由是日本虽已宣布投降，但军方高层仍很嚣张，冈村宁次等对向中国投降很不服气，居然称“日军在战场仍居于绝对优势地位，是连战皆捷的常胜军”。因此，到首都南京去受降的中国军队，必须对日军具备威慑作用。他提出：以刚刚在缅甸歼灭日军精锐第十八师团，被日方称之为“森林之虎、华军利剑”的新六军到南京受降为妥。该军不仅装备优良，训练有素，且驻扎芷江附近，空运南京，当日可达。最终，还是美国人“一锤定音”。以美式装备武装的新六军，以正义之师、光荣之师之誉而得以载入史册。

中国战区洽降地点，原定在浙江玉山机场，后机场跑道因雨水受损，不能使用。顾祝同、冷欣建议将“陆总”推进到江西上饶，并在此接受日本洽降，何应钦表示同意，向蒋介石提出。17 日，蒋介石召开高层会议，魏德迈将军提议，将“陆总”推进到湖南省芷江，命令日军洽降使节到芷江接受指示。蒋介石采纳了他的建议，随即电告冈村宁次，洽降地点改为湖南芷江。

18 日，蒋介石再次电告冈村宁次，通知日本洽降使节于 21 日到芷江，并遵照以下规定办理：1. 代表人数以五人为限（内须有一飞行员熟悉南京、上海附近机场之情形），于 8 月 21 日晨坐日本飞机一架，自汉口起飞，直飞湖南常德上空，高度在 5000 英尺，时间为上午 10 时。届时在 6000 英尺上空当有 3 架盟军战斗机迎接，如云层过低，日机应在云层下 1000 英尺，盟军飞机则在云层下 500 英尺。2. 日机应在两翼上下标志日本国旗，并在机翼的末端各系4公尺长之红色布条一根，以资识别。3. 3架盟军战斗机负责护送日本飞机至芷江机场，并规定了着陆顺序。4. 今井武夫总参谋副长须随带驻中国大陆台湾及北纬16度以北安南地区所有日军之战斗序列、兵力位置、指挥区分系统等表册。5. 假如气候恶劣不能按计划飞行时，须于次日依照规定时间与方式实施。6. 日机飞行员用波长5860KC收发，用英语呼号（呼号略）与芷江机场地面指挥部取得联络，此呼号，在距芷江100英里时使用，以后每隔十分钟呼叫一次，直至临近芷江机场为止。芷江无线电指挥降落站使用波长为4495KC，英语呼号为King Able。当日本飞行员望见芷江机场时停止与King Able地面指挥部队联络，立即用波长4495KC收发，与指挥塔联络。7. 接到此电后，须在8月19日18时至20时在南京以波长5400KC答复。

19日，冈村宁次按时复电，"谨遵钧命办理"。蒋介石收到复电后，立即召见何应钦面授机宜。随后，何应钦除令"陆总"准备受降外，还在其他部门抽调一批人员参加受降工作。并于当日和次日两天召开受降筹备会，按照拟订的方案，划分受降地区，选定受降地区主官；规定投降日军应遵守事项；制订备忘录；安排洽降程序等。

冈村宁次

20日下午五时，何应钦率领陆军总参谋长萧毅肃，政治部主任李惟果，参谋处长刘廉一，陆军大学兵学研究部主任徐祖贻，军训部次长王俊，劳动局长贺衷寒，行政院参事徐象枢，教育部秘书刘林士，《扫荡报》报社社长黄少谷以及马崇六、龚德柏、于益谦、邵毓麟、缪云台、邓文仪等30余人，分乘两架飞机由重庆飞抵芷江。临行前，军令部长徐永昌及军政部次长林蔚在峨岭公园下面的防空司令部为飞芷人员饯行。其后，在华美军作战训练司令部、“陆总”后勤司令部以及中国战区各地区部分受降主官，还有百余名中外记者也先后到达。“陆总”第四方面军司令王耀武亲自驾车前来迎接。

何应钦来到芷江后，一面令萧毅肃与日本今井武夫办理洽降事宜，一面部署各地区的受降工作。

历史往往带有传奇色彩，命运就这样幸运地降临到芷江这座小县城的头上，它因日军在此洽降而一夜成名，成为世人瞩目的焦点。

芷江位于湖南省怀化市西38公里，将日军洽降地点选在此地，是因为这里有中国空军的重要基地——芷江机场，它是大后方的前哨，曾为中国空军有力打击日军发挥了重要作用。日军屡屡想袭击芷江基地，但均告失败。在日军洽降代表来芷江前，侵华日军从未踏上这一要地寸土。

1945年1月，按照日本大本营的意图，冈村宁次对侵华日军第六方面军司令官下达了“尽快攻占芷江一带”的命令。3月下旬至6月初，湘西战役打响。日军先后集结了8万兵力，企图分进合击，目标就是要攻占芷江，摧毁机场，以作垂死挣扎。

中国“陆总”考虑到这一带的主力军，已连续参加了“长衡会战”、“邵阳保卫战”，并策应“桂柳会战”及“黔桂战役”，未能得到及时休整。于是加紧调集有生兵力，击溃来犯之敌，以确保芷江要地。

中国军队共集中了12万兵力，在湘西与来犯日军展开搏杀，历时近两个月。从4月9日会战全面展开，至6月7日会战结束，日军攻占芷江的美梦彻底破灭。

在这次会战中，芷江机场再次发挥了极大威力，包括制空权的掌握以及陆、空军各部的有效联络，保证了会战的如期实施。日军在中国陆、空军的强势出击下，铩羽而逃，留下了近 3 万具尸体和俘虏。

因此，选择芷江作为洽降之地，有着特别的意义，既使日寇闻风丧胆，又使国人声威大振。

作为湘西的一个偏僻小县，芷江原本就很小，此前已驻扎有中美空军混合联队、新六军军部直属部队，已是人满为患，遍地是军用帐篷，到处有军人军车。如今忽然又来了许多高级机关和中美部队，更是拥挤不堪。一时间，车多人多，冠盖云集。

【七】一纸降书出芷江

八月十五日，蒋介石以盟军中国战区最高统帅的名义，致电南京日本驻中国派遣军司令长官冈村宁次，指示日军六项投降原则。据此，冈村宁次的洽降代表——日军总参谋副长今井武夫一行，于八月二十一日奉命前来芷江洽降。

8 月 21 日，一个非同寻常的日子。经过大雨洗礼的芷江城，天朗气清，颇有普天同庆的意味。

几天前，为日本宣布无条件投降而狂欢不已的芷江军民，此时，又听说日军要来芷江洽降，仿佛平地里刮起一股强烈的旋风，立刻吹遍了各个角落。整个芷江沸腾了，民众们再次笑逐颜开，为芷江城披上了节日的盛装，迎接这一激动人心的时刻到来。

所有必经之路和醒目处，都矗立起高大的彩饰牌楼，上悬中、美、苏、英 4 国国旗，中嵌巨型金色“V”字，下置“胜利之门”、“正义大道”、“胜利和平”等金字横匾；通衢大道每隔 50 米竖有一根高达 5 米的旗杆，分别挂有联合国 51 个创始会员国的国旗；新六军士兵整装齐备，精神抖擞地站立在旗杆两侧。人们从晨曦出现起就聚集在街头，手中挥舞着国旗、彩旗，静静地等待着。

上午 9 时，何应钦举行中外记者招待会，发表了简短演讲，同时对中外记者提出的许多问题一一作答。

9 时半，中美空中混合第五大队 3 架野马式战斗机由两名中方飞行员周天民、林泽光和一名美军飞行员葛兰芬分别驾驶，在万人注视下腾

日军芷江洽降

空而起，直插云霄。10 时左右，飞机到达常德上空，驾驶员周天民在洞庭湖上空西北方向发现一个小点，他判断是前来洽降的日方飞机，便一起迎上去，前引后导，继续向芷江飞行。

当日本洽降代表乘坐的飞机在中方机群的监护和引导下，飞临芷江机场上空时，中方另有 6 架战斗机在空中警戒。在机场的中、美官兵及中外记者、四周观望的群众约 5000 人，他们听到飞机的嗡嗡声由远而近，人群便骚动起来。飞机在上空盘旋后，开始降落。遵照中方规定，第一架应为周天民驾驶的飞机，等候在机场的人们，立即报以掌声和欢呼声。机场四周鼓乐齐鸣，人们挥舞旗帜，放飞白鸽和气球，欢呼雀跃，无数鲜花和彩带抛向飞机和周天民身上。接着，今井乘坐的系有红色布条标记的日本飞机着陆。8 年来，它一直是凶残和狂妄的象征，如今却是罪恶与耻辱的标志。人们的情绪好像骤然变冷，愤怒之声震响大地，汇聚八年的国仇家恨，此刻全都爆发出。

新六军参谋陈倬上校等 4 名宪兵驱车上前，令其开启舱门。片刻，日本中国派遣军总参谋副长今井武夫少将、中佐参谋桥岛芳雄、少佐参谋前川国雄、翻译木村辰男、机长空军少佐杜原喜八等人手提行囊依次走下飞机，在舷梯旁边排成横队，接受中方人员检查。完毕，他们一行分乘两辆插有白旗的吉普车，在宪兵的护卫下前往住所。

当日下午 2 时 30 分，中国战区日军洽降会议在芷江城内南街万寿宫正式举行。这是一幢四合院式的平房，将中间的堂屋布置成会见厅。大门上扎上松柏枝，中间是“和平永奠”4 个大字，厅正中墙上挂着孙中山半身像，中国国旗和国民党党旗悬挂两旁。对面的墙上挂有中、美、英、苏 4 国国旗，旗帜中间镶嵌着一个象征普天同庆世界和平的巨型金色“V”字。中山先生像下面放一张长桌，为受降席，对面下首为洽降代表席。

主持会议的中国陆军总参谋长萧毅肃将军坐在受降席中间，左侧是中国陆军副总参谋长冷欣中将，右侧为中国战区美军作战训练司令部参谋长柏德诺准将，翻译王武上校坐在冷欣身旁。中外记者则坐在旁听席上。出席洽降仪式的中国战区高级将领还有杜聿明、汤恩伯、王耀武、卢汉、蔡文治、钮先铭等。

萧毅肃在开会前发表 3 点声明：“第一，今天在场的中外记者不准提问。第二，当日本洽降代表进来时，大家都坐着不动。第三，中国方面的发言，先翻译成日文，再翻译成英文。日方的发言，先翻译成中文，再翻译成英文。”

接着一名中国军官走到厅内另一端打电话：“请将日本洽降代表带来，即今井武夫和他的两个参谋，一个翻译，不准携带武器。”

2 时 40 分，今井武夫等日方代表在中方人员的引导下，在会议厅门外肃立等待，经受降主官应允后鱼贯而入，他们排成一列，向萧毅肃等人一鞠躬。萧将军只是淡淡地说了一声："请坐。"今井居中，右为桥岛，左为前川，翻译木村则在最左边。

萧毅肃向今井介绍了自己和冷欣四人的身份后说，我受何应钦总司令的委托接见你们，请你们说明身份并交验身份证明书。今井武夫神情沮丧地低声道："鄙人是日本驻华派遣军今井总参谋副长，右边是桥岛芳雄参谋，左边是前川国雄参谋，还有译员本村辰男。我奉日本驻华派遣军总司令冈村宁次之命前来晋见中国战区负责人，领受命令。我的任务就是在停战协定签字前与中方联络，无权在任何文件上签字和解决问题。"

对于萧毅肃提出的问题，今井武夫未作正面回答，而他只轻描淡写地用了"停战签字"，却只字不提"投降"一词。对此，萧毅肃当即愤然训斥："日本无条件投降已成事实，日本天皇已广播了日本投降诏书，你刚才不用'投降'而用'停战'，殊为不妥，应予纠正。"

萧将军询问今井："你有没有带身份证明书，如果带来了，请交给我看。"今井回答说："我没有身份证明书，只带来了冈村宁次接洽的命令书。"

萧将军则追问："命令书也可以给我看。"今井将命令书交给桥岛呈递萧毅肃。

萧将军说："中国战区最高统帅蒋委员长 18 日 6 时致冈村宁次的电令，要你随带驻中国、台湾及越南北纬 16 度以北地区所有日本陆、海、空的战斗序列、兵力部署及指挥系统表册，想必你们已经带来，请即交出。"今井回答："表册没有，只带来一份日军在华兵力配备图，但最近东北军队向华北调动的详情没有在图上注明。此外，中国派遣军仅负责指挥中国境内的日军，台湾、越南日军不属于冈村宁次指挥范围。所以也未在图上注明。”

木村只翻译到此就停住。中方翻译立即起身说：“还有两句没有翻译，即东北、越南、台湾的大概情形，他是知道的。”今井命令桥岛交出日军在华兵力分布图及日军指挥系统表。

萧将军问：“冈村宁次将军还有其他文件交给你带来吗？”今井回答：“无其他文件。”

萧将军说：“中国陆军总司令何应钦上将，现有中华民国三十四年八月二十一日中字第一号备忘录一件，是致冈村宁次将军的，由我交给你转交，你可先阅读，读完后在接受备忘录证书上签字。”今井在签字前，要求询问几个问题，萧将军说：“我看今天没有必要询问了，允许另外派人洽谈。”随后，今井签上了“我已收到中字第一号备忘录中文本、日文本各一份，但以中文本为标准；并已充分了解备忘录的全部内容，将负责转告冈村宁次将军。”之内容。

萧将军说：“中字第一号备忘录，是讲中国陆军总司令部要在南京设立前进指挥所，由冷欣中将担任主任，此项措施，可视日军投降事宜顺利实施。中国陆军总司令部前进指挥所的先遣人员、机场设站人员，将乘飞机与你们同往南京，要求冈村宁次将军采取安全保卫措施，并妥为招待。”今井一再诚恳地表示：“当遵代转达。”

萧将军说：“何应钦将军在冈村宁次签订投降书以前，即将运输军队抵南京、上海、北平等地接收，请转告冈村宁次将军。”今井回答：“当代为转告。”

萧将军说：“为今后双方接洽方便起见，何应钦将军要冈村宁次将军直接通电话，特规定对方电台呼号波长及通报时间表一份交给你，回南京后，立即转送冈村宁次将军，照此办理。”今井接过电台时间表，同时交出日本通报时间表一份。

萧将军说："何应钦将军还有许多问题，另派中、美专家与你详谈，但事先必须经何应钦将军批准。为了贵官安全起见，中美专家将分别前往贵官住所，你要据实详细答复。"今井回答："天皇已接受《波茨坦公告》，从道义方面讲，亦应速来与中国联络。"

萧将军说："以上细节的联系结束后，希望贵代表务必迅速返回南京。出发时间，由我方另行通知。现在可以回住所了。"历时 1 小时 20 分钟的第一次洽降会议结束。

当晚，今井将芷江第一次洽降会议的内容及经过，向冈村宁次作了详细汇报。

第二次洽降在 22 日上午 11 时开始，冷欣中将和美军柏德诺准将，偕同翻译王武来到今井住处，进行了约 40 分钟的约谈。主要内容为：一、冷欣中将为设立前进指挥所将先行前往南京，要求日方为其安全给予书面保证。又命令准备提交中国俘虏名册。并要求对于军需物质及仓库严加保管，除冷欣外绝对不允许任何人接收。二、柏德诺准将询问美国俘虏的现状和待遇情况，要求整理并保存好附录记录，要求善待俘虏，否则予以严厉报复。

同日，何应钦召集各方面军司令官、部分战区长官以及海、空军负责人开会，主要是讨论各受降区的划分及受降部队的派遣等。当晚，何应钦又召开顾问和各部门接收代表会议，研究接受日方及伪政权的财政、金融、文化教育、交通运输、工厂矿产、工商管理、司法警察等内容。当日，何应钦还指派中、美专家多人前往今井住所问询有关问题。在这前后，何应钦派人将中字第二至第四号备忘录给予今井武夫转交冈村宁次。

23 日下午 1 时 30 分，何应钦总司令在办公室正式召见今井，萧毅肃、冷欣等及美军作战训练部司令麦克鲁少将、参谋长柏德诺准将在场，另有中央社记者和美国记者各一人。日方代表除了今井和翻译外，桥岛和前川在室外等候。今井走到办公室时，首先向何应钦等人鞠躬行礼。

何应钦对今井指示说："一、先后交贵官带给冈村宁次将军的三件备忘录，对其内容和要求是否完全明了，应妥为转达；二、决定贵官于今天乘原机返回南京，将有数名中国军官同往，希予照料；三、中国军队将自 8 月 26 日至 30 日这段时间空运部队至南京。本总司令将在 8 月 27 日派冷欣中将前往南京，设立前进指挥所，希转告冈村宁次将军，妥为准备。"听后，今井一再诚恳表示"遵照办理"。"贵官现在就可以准备

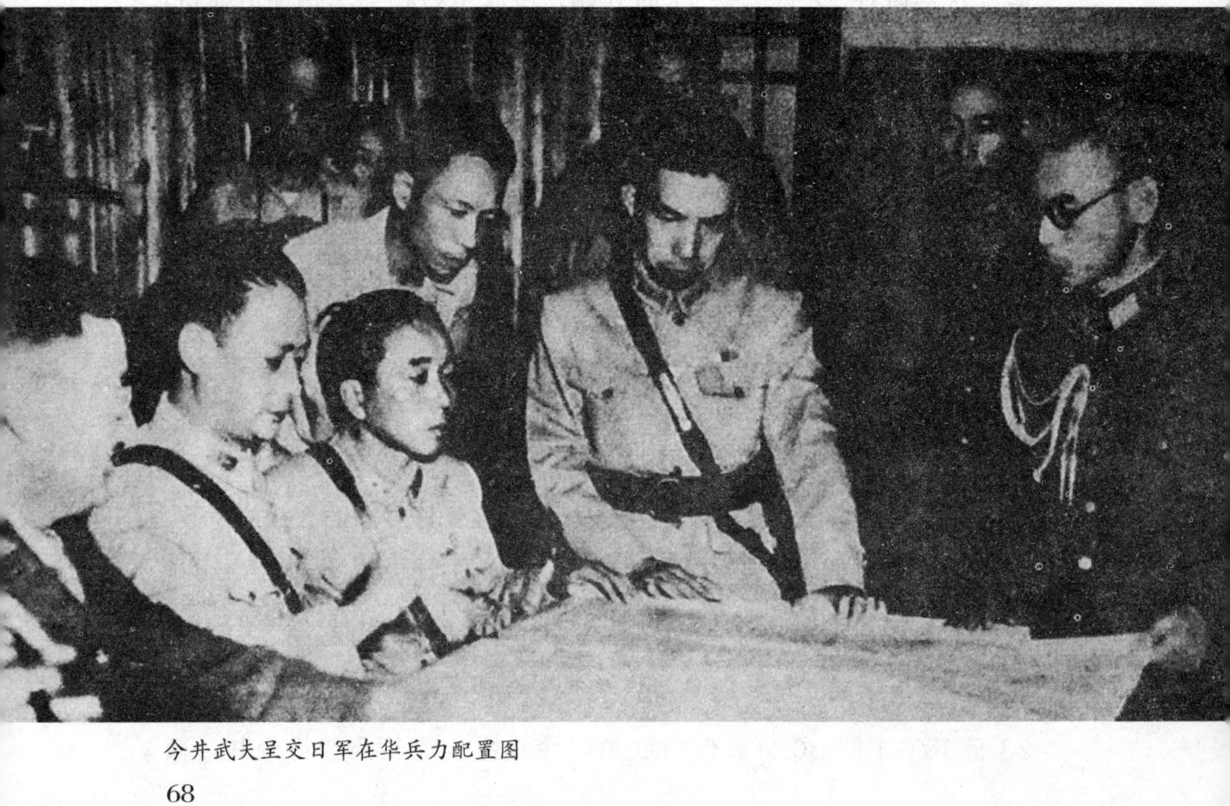

今井武夫呈交日军在华兵力配置图

返回南京。”何应钦最后说。今井肃立鞠躬，谨慎退出。

同日，蒋介石致何应钦电，告知：美军总部接麦克阿瑟将军来电谓：日政府正式投降，于八月三十一日始能签字，中国战区接受冈村之正式投降，须待东京总投降签字，及大军空运南京、上海已开始后，始可在南京签字。预计受降日期，约在九月四日或五日。

下午，今井等人启程返回南京，中方派空军上校孙桐岗、“陆总”上校参谋陈昭凯和张汶杰三人同机前往。2 时 15 分，今井乘坐的飞机在芷江机场起飞，中方仍派 6 架飞机监护日机抵达常德上空。历时 3 天的中国战区芷江洽降会议顺利结束。

当晚，何应钦在“陆总”招待所举行了一个鸡尾酒会。会上，他对美、苏、英给予中国精神与物质上的支持与援助表示感谢。尤其是对已故美国总统罗斯福和现任美国总统杜鲁门对世界和平的领导和贡献表示敬佩。对美国帮助中国训练部队，补充武器装备及派遣大批官兵帮助中国作战，尤为感谢。同时对中国官兵英勇作战表示赞赏，对中外记者不顾枪林弹雨前来采访和真实报导表示感谢。美军麦克鲁少将也作了简短讲话。

鉴于中国各战区官员只有少数人到芷江参加洽降，何应钦决定赴各地转告洽降经过和部署受降工作。27 日，何应钦在纽先铭等陪同下飞往湖北恩施，召见第六战区孙蔚如等人；旋即飞往安康，召见第五战区刘峙等人；随后又飞赴西安，召集第一战区长官胡宗南、十一战区长官孙连仲及二、八、十二战区的高级指挥官和参谋长开会，指示接受日军投降事宜，并通报了中国战区致冈村宁次备忘录的内容。28 日上午，何应钦在西安举行记者招待会，介绍受降部署及受降工作进展情况。同日午间，何应钦等人返回芷江。29 和 30 日，何应钦分别飞往七、九、五战区视察，部署受降工作。9 月 1 日返回芷江。

在前线视察战况的陆军总司令何应钦

9月5日，芷江各界人民召开庆祝抗日战争胜利大会，何应钦在会上发表演说："回忆八年以来，全国军民，精诚团结，在险恶重重的环境当中，艰苦奋斗，许多忠勇的将士，流血牺牲。无数受难的同胞，流离转徙。半壁大好河山，破碎沦陷。若干后方城镇，被炸摧毁，桂林、柳州、独山、衡阳等城市，全被焚毁。但大家同仇敌忾的心情，依然坚定不移。到了今天，终于使最后胜利光荣来临。日本帝国政府，已于九月二日正式向盟军最高统帅麦克阿瑟将军投降。台湾等地，也在五十年后的今天，重回祖国的怀抱，这是何等欢欣快慰。芷江这一个僻处山丛小城，因八月二十一日日军降使远来洽降而名闻世界，在历史上留下永不磨灭的光荣一页。各位的心情，更要欣喜若狂。在抗日战争中，苏联、美国对中国各种援助和鼓励，我们应该永志不忘。"

9月8日上午，何应钦等一行乘"美龄"号专机离开芷江，前往南京。

为了纪念芷江洽降这一重大历史事件，国民政府明令在芷江建设受降纪念城。原湖南省政府主席王东原、芷江县县长杨化育负责组织实施。受降城区规划为70平方公里，拟建受降纪念公园、抗战纪念馆、抗战胜利纪念碑、抗战军人遗孤学校和抗战文献及战利品馆等，总计投资为286亿法币。

其后，由于内战的爆发，国民政府无暇顾及当初庞大的建设计划，受降纪念城大幅缩水，只建了一座“受降纪念坊”。

1947年2月22日落成的受降纪念坊，矗立在芷江城郊七里桥畔，这是当时华夏大地仅有的一座纪念抗日战争胜利的标志性建筑。

“受降纪念坊”为四柱三拱门血字型牌坊建筑，通高8.5米，全宽10.64米，中拱宽3米，门洞高3.5米，坊基为水泥筑石墩，上砌四方形砖柱。

坊的正面中门上端为蒋介石题写的“震古铄今”4个大字。其下“受降纪念坊”5字，系时任芷江县县长杨化育所题。于右任和孙科所题的东、西额为“布昭神武”与“武德长昭”。蒋介石为中柱题写的题联是“克敌受降威加万里”和“名城揽胜地重千秋”。李宗仁题写的侧柱联是“得道胜强权百万敌军齐解甲”与“受降行大典千秋战史记名城”。

坊背面中间首额，为原湖南省政府主席王东原所题的“万古流芳”，下为216字的受降纪念坊记。

东、西拱额的“名垂青史”和“气贯长虹”，分别为居正和王云五所题，柱上中联为何应钦撰写，上联为“名城首受降实可知扶桑试剑富士扬鞭还输一着”；下联为“胜地倍生色应推倒铜柱记功燕然勒石独有千秋”。

从受降纪念坊台阶拾级而下，向北直行十余米，便是一栋黑色木结构的西式平房，这就是当年的受降会场。平房是原物，会场的布置一切如故，仍保持着洽降时的原貌与格局。置身其间，仿佛这一切就发生在昨天，空气中还飘逸着历史的烟云，向人们诠释那奏响抗日胜利的华彩乐章。

芷江受降纪念坊，是抗日战争胜利的标志，是中国人民八年浴血奋战的历史见证。它不仅矗立在华夏大地上，更是镌刻在国人心头。睹物生情，使人重温那“八年血泪成江河，一纸降书出芷江”的岁月。

【八】历史的轮回

南京是遭受日军暴行最为惨烈的城市。在历经劫波后，中国终于赢得了抗战的最后胜利。因此，选定在南京举行中国战区日本受降典礼，既是行使正义之权力，亦是祭奠众多的死难亡灵，有着特别的意义。

8 月 25 日，何应钦收到冈村宁次来电："今井武夫一行及贵军将校三人已于二十三日下午八时抵宁；贵总司令带来的第一至四号备忘录已收到，将遵照实施。贵总司令南京前进指挥所，望尽可能迅速前来，其飞行时间、高度、路线、机种、架数，望预先告知，俾对冷欣中将阁下一行妥为保护，期无遗憾。至于他们抵达南京之住宿和办公地点、交通工具、安全保护等事宜，本官已做出妥善之安排，可保无虞。南京机场仍甚完好，可供贵军飞机使用，日前抵宁之贵军将校孙桐岗阁下已亲自检查，有所布置，并已与芷江贵军机场建立了无线电联络，南京大校场机场指挥塔已由孙桐岗直接指挥。今晨飞抵南京之贵军伞兵一营，现由孙桐岗上校指挥部署在大校场机场内外。"

为了进一步了解南京机场的情况，筹设空中站，何应钦于 25 日派张廷孟带一批工兵飞抵南京，检查机场设备和通讯设备。次日，张廷孟致电何应钦，报告南京机场完好，可以使用。

经过磋商，前进指挥所除以冷欣为主任外，另以黄瀛为少将特别高参，陈倬任参谋主任，下辖一、二、三、四科及各部、会的派员。

26 日晚，前进指挥所官兵 159 人及新六军前进指挥所 52 人，齐集"陆总”礼堂，由何应钦训话。他说：“南京的同胞遭受日军八年的凌辱，痛苦不堪。他们正以等待骨肉归来的亲情，期待着国军像亲人一样早日回去救助他们。你们是带着蒋主席对沦陷区同胞的关怀去救助他们的，一定要注意仪容、严守纪律、爱护民众、执行政策。倘有玩忽，有干军纪，不特会有损国军声誉，而且有负国人的厚望。望各自爱，切勿稍懈。”

次日上午 9 时 20 分，由“陆总”副参谋长冷欣率领，全体人员分乘 7 架美国 C–46 型运输机，由芷江飞往南京，在大校场机场着陆。

当飞机在南京上空盘旋时，俯视全城，山河依旧，人事全非。这“六朝古都”、民国首府，在历经这场劫难后，景物凋敝，满目疮痍。在座的不禁感慨万千,八年的艰苦抗战，今日终成正果，实属不易。

14 时 50 分，冷欣乘坐的第 7 号飞机最后着陆，同机前来的还有新六军副军长舒适存中将、海军少将陈容泰以及一干人。已恭候多时的今井等人上前欢迎，并迎至帐篷里略加休息。随后，冷欣将军向全体官兵作了简短讲话。稍事休息后，冷欣一行去拜谒中山陵。前进指挥部人员乘吉普车驶向中山北路华侨招待所，而新六军官兵则在中山东路 307 号原励志社内设营。

当晚，日方代表今井带着桥岛、前川和译员前来冷欣住处晋见，汇报了一至四号备忘录的执行情况和南京、上海、北平三地的近况。冷欣随将五至七号备忘录面交今井，要求认真执行。今井转达了冈村宁次的意见，他将于次日上午在日军总司令部会晤冷欣，理由是照例“大将不拜中将”，固执不主动拜会冷欣。这种骄狂之言当即遭到冷欣的代表斥责，指出日本是战败国，是向中国投降，没有官阶高低可言，当面予以拒绝。随后，日方又建议中、日双方主官在冈村宁次住所会晤，再遭中方代表否定。面对日方的倨傲，中方是有理有节，提出冈村宁次来招待所会谈，中方主官到会议室门口迎候。无奈之下，日方代表只有同意。斯时，另有 5 架飞机自芷江飞抵南京，运来陆总和空军、海军指挥所官兵及吉普车，并带来何应钦给冈村宁次的第八至十三号备忘录。

28 日上午，冈村宁次在今井武夫和中校参谋小笠原靖的陪同下，来到前进指挥所拜会，冷欣等人在会议室门口迎接，双方互敬军礼，然后举行会谈。

冷欣说："我奉中国陆军总司令何应钦上将命令，来此设立前进指挥所，在何总司令未抵南京前，我随时传达他的命令，并为受降会作一切准备，希望你们切实照办，给予一切方便。何总司令先后交贵官的中字备忘录四件，其实施程度如何，请提出书面报告，以便转呈何总司令。"冈村说："此事已责成今井少将办理，将由该员向贵官及何应钦将军提出书面详报。"

冷将军说："我带来了中字第八至十三号备忘录，现交给你们，希望切实办理，以免贻误时机，并将办理情形，随时告诉我。"冈村说："自当秉承何总司令的计划办理。我遵照本国政府命令全权处理一切。但完全以贵国为对象，不须以中美联军为对象。"

冷将军说："美国与中国是同盟国，日本无条件投降，是不能排除中美联合的。目前一切交通治安，还望你们负责维持。"冈村说："我已下令日军停止作战。但摩擦仍时有发生，至今日军已伤亡五百余人，所以交通的维持非常困难，重要城市的治安会尽力维持的。"

冷将军说："上海、南京、北平、天津、汉口、青岛、广州、香港等重要城市，务请特别注意。"冈村说："以后今井等人常与你们会面，我想移住乡下，把总司令部房子空出。为了方便双方的联络，日方联络人员仍留在南京。"

冷将军说：“准备移住什么地方。”冈村说：“吴淞，以加强船舶的集中管理，但绝不进入上海。”

冷将军说：“请暂缓移动，等转报何总司令后再作决定。”冈村说：“报载国民政府 10 月 10 日还都，我想让出房屋给你们办公，9 月底迁移完。”

冷将军说：“待报何总司令核示后再作决定。”今井插话说：“何总司令究竟什么时候抵南京？”冷将军说：“待我获悉确切日期后再通知你们。”

会谈结束后，冷欣立即将日军总司令部移迁吴淞一事向何应钦做了汇报，何旋即回电：希转饬冈村将军，在未得本总部许可前，冈村本人及其总部，不得离开南京。冷欣将何电文的内容转告冈村，他未敢再提，只能继续留驻南京。

当日下午，冷欣在前进指挥所召集负责人开会，通报了与冈村宁次会谈的情况，并提示中字第六至十三号备忘录内容，要求大家做好我军进驻、“九九”签降典礼、解除日军武装、处置伪军等各项工作。当晚，冷欣向何应钦与新六军军长廖耀湘电告此事。从 30 日开始，新六军陆续空运南京，至 9 月 5 日完成。

受降签字仪式，原拟在国民政府礼堂举行，由新六军副军长舒适存少将、高参王连庆少将负责筹备；后经几度磋商，决定改在黄埔路中央军校大礼堂，由工兵指挥官马崇六少将负责。9 月 2 日马崇六抵达南京，与“陆总”第四处处长刘措宜共同布置受降典礼会场。

5 日，廖耀湘飞抵南京，随之而来是重庆众多的接收大员，大小商人也蜂拥而至。为了强化南京治安，经何应钦批准，任命新六军第十四师长龙天武少将兼任新成立的南京警备司令。

这期间，冷欣曾得到密报，冈村宁次有可能在日军投降签字时剖腹自杀，以报效天皇。遂火速电告何应钦，同时与今井武夫联系，要他采取必要的措施。

同日，何应钦就关于侵华日军投降签字时间地点致电冈村宁次：

一、兹规定本总司令接受日军投降之地点、日期、时间，及日军投降代表签字人与日军投降代表出席人如下：

1. 地点：中华民国首都南京。

2. 时间：中华民国三十四年九月九日上午九时。

3. 日军投降代表签字人：日本陆军大将冈村宁次。

4. 日军投降代表出席人：冈村宁次大将之总参谋长。越南北纬十六度以北之日军最高指挥官或其全权代表。台湾澎湖列岛之日军最高指挥官或全权代表。中华民国（东三省除外）、越南北纬十六度以北，台湾澎湖列岛之日本海军最高指挥官或其全权代表。

二、前条各项，希照办。

6日，萧毅肃率“陆总”及直属单位飞抵南京，进驻黄埔路原中央军校营区，正式挂起“中国陆军总司令部”横匾。旋即召开会议，传达何应钦于8日抵南京等事项。会上，冷欣汇报了两个问题：

一是授奖典礼仪式，由于礼堂容量有限，规定出席人员武官少将以上，文官简任以上，党务人员为中央委员和省市党部主任委员以及“陆总”中校以上的军官。同时电告何应钦，除美国驻华人员外，其他国家来宾的职级，请速电复，以便签发请柬。

二是冈村宁次已有书面请求，要求到机场迎接何应钦将军。冷欣的汇报还没完，与会者便纷纷表示反对。萧毅肃将此事电告何应钦，请他定夺。何应钦复电，准许冈村宁次等5人站在机场的另一端。

8 日上午，南京各机关、团体、学校的代表前往明故宫机场迎接何应钦，还有闻讯自发而去的百姓。在机场休息室，迎接何应钦的有先期到达的党政军要人陈绍宽、顾祝同、萧毅肃、冷欣、汤恩伯、王懋功、马超俊、李明扬、郑洞国、廖耀湘等以及各盟国军事代表团成员 100 余人。

上午 10 时左右，明故宫机场已聚集了 3 万余人，由号称“鸿翔部队”的国民党军特种部队和日本宪兵共同担任警戒。达官贵人能进入铁丝网内观看，而一般民众则只能在铁丝网外翘首以待。

上午 11 时 15 分，欢迎的人群有序地排列成行，30 多名新六军士兵

新六军开进南京市区时，与一辆正从市区撤出的日军相遇。战胜者精神抖擞，战败者神情落寞

组成的仪仗队殿后。中午12时左右，何应钦乘坐“美龄号”专机在9架战斗机的护卫下在机场降落。刚刚停妥，陈绍宽、顾祝同等就趋前相迎，中外记者则纷纷涌向机旁。不一会，何应钦等人走出舱门，他频频挥手向欢迎人群致意，然后缓步走下舷梯。在万人的欢呼和鼓掌声中，他接受了邓朴、陈宗旭两位女学生代表南京市民敬献的鲜花和一幅绣有“日月重光”的锦旗；另一位女学生贾传芬则代表国民党南京特别市党部，献上“党国干城”的锦旗。站在机场外面的群众挥舞着国旗，大声欢呼。何应钦笑容可掬，手持鲜花，频频招手示意，并让记者拍照，记录下他一生中这辉煌的时刻。接着，顾祝同、陈绍宽陪同何应钦检阅仪仗队，然后乘车前往黄埔路中国陆军总司令部。与此形成鲜明对照的是，冈村宁次被特许只能站在机场一角迎候，全无往日不可一世的威风。

当日下午，何应钦在中山东路励志社召集军政要员开会，分别听取了冷欣等人关于受降准备工作的汇报；第三方面军司令官汤恩伯、江苏省省长王懋功、南京特别市市长马超俊、第三战区司令长官顾祝同、新六军军长廖耀湘分别汇报了上海、江苏、南京和浙江的受降准备、布防

这是1937年12月13日南京陷落后，日本随军记者拍摄的中央陆军军官学校。8年后，这里成为日本投降签字的场所

和治安情况；陈容泰、孙桐岗分别汇报了日海军、空军在南京的情况，邵毓麟、顾毓琇分别汇报了伪组织和日本经营的工商业及财政金融机构的情况等。最后，由舒适存汇报“九九”投降典礼的程序和有关问题。听完汇报后,何应钦即席讲话。首先阐明我国对日本投降实行“以德报怨”的宽容政策之目的与必要性，接着重申接收日军投降和处置伪军、伪组织应严格遵守之纪律，并提出了具体的要求。同时再次晓谕：入城部队和人员，务必提高警惕，严格军风纪，爱护民众，奉公守法，洁身自好。倘有玩忽，严惩不贷。

当晚，何应钦举行中外记者招待会，并发表讲话：记得廿六年十一月二十六日，我们离开首都的那天，我们都有一个沉痛的决心和坚强的自信，我们一定要奋斗到底，获得最后的胜利，重新回到首都。果然在领袖蒋委员长英明领导下，全国军民一致的努力、盟邦的协助，经过八年的艰苦抗战，终于获得光荣的胜利，重新回到首都，内心自然是无限的兴奋和愉快。同时想到这八年来为抗战而牺牲的将士和同胞，沦陷区同胞八年所遭遇的痛苦，又不胜感念。今天回到首都，首先代表蒋委员长对沦陷区同胞和死难军民的家属表示恳切的慰问。我们的胜利不是侥幸，不是偶然，今日的目标，惟在如何建设我们的国家，使成为一个真正富强康乐之国，来共同担负起安定东亚、维护世界永久和平的任务，这是今后全国同胞应共同努力的。

记者问：“中国战区受降地区、时间是否已确定？”何应钦说：“中国战区受降签字的时间已定于9月9日9时，签字地点在中国陆军总司令部礼堂。签字程序，参加人员名单已定。”

记者问：“日本投降代表是多少人？谁代表日军陆、海、空军签字？”何应钦说：“日本投降签字代表共计7人，冈村宁次将军代表侵华日军陆、海、空军签字。

记者问："需要多长时间解除日军武装？"何应钦说："中国战区大约需要 3 个月时间。"

何应钦特别提到，中国战区受降典礼选择在南京，其原因有二：1. 南京在抗战前为中国政府首都，抗战胜利后仍为中国政府的首都，具有历史意义。2. 1937 年 12 月 13 日，日军侵占南京后制造了震惊中外的南京大屠杀，南京是遭受日军暴行最惨的城市。所以，在南京举行受降典礼最为合适。

何应钦表示，另有日侨 779871 人，韩侨 50935 人。日军投降后，对日俘侨给以宽大周到之对待，尽快予以遣返，使其早返家园，各安生计。

这期间，"陆总"向冈村宁次发出了中字第十七号备忘录，指出："根据同盟军最高统帅麦克阿瑟将军规定：1. 日军缴械时，不举行收缴武器之仪式。2. 日军代表于正式投降时，不得佩带军刀。3. 凡日军所有军刀，均应与其他武器一律收缴，一俟正式投降，日军即不得再行佩带军刀。以上规定，在中国战区一律适用。"

据此，中方于日方投降签字之时，收缴冈村宁次、小林浅三郎和今井武夫的将军佩刀，并分别献给何应钦、萧毅肃和冷欣，象征日军的武装已经解除。

冈村宁次无视自己败军之将的身份，一再要求中方提示签字时出示证明文件应载明的事项，希望事先了解投降书内容。经向何应钦请示同意后，于 9 月 8 日晚派员将关于日军投降书及日军投降签字后中国战区最高统帅颁发的第一号命令抄件秘密送给冈村宁次过目，但约定一不许抄录、二不准提修改意见、三不得于正式签字之前透露，阅后当即取回。

【九】『三九良辰』迎盛典

一九四五年九月九日九时这『三九良辰』的大吉大利之时，中国战区日本受降签字大典在劫后余生的南京隆重举行。中国战区统帅蒋介石的代表、中国陆军总司令何应钦代表中国签字，侵华日军总司令官冈村宁次代表日本在降书上签字，日本侵略者终于遭到了正义的惩罚。

1945 年 9 月 9 日上午 9 时，在这“三九良辰”的大吉大利之时，中国战区日本受降签字大典在南京隆重举行。“九”字在中国传统中被认为是最高最完整的数，象征着完善无缺、完全胜利的意思。选定这样的日子，充满了一种天人合一的美好意境。

这一天，南京城披上节日的盛装，到处张灯结彩，人们像过节一样兴高采烈。主要街道均用松柏树枝扎起彩色牌楼，上面悬挂着中国国旗和国民党党旗，红色的“V”标记在旗帜之间，牌楼中间嵌着“胜利和平”4个金色大字。

在通往军校的中山东路黄埔路口，矗立着一座牌坊，高达 10 余米，下置三门，中通汽车，两侧行人。牌坊上部为三层，翘角飞檐，顶层有金属制成的 V 字，悬挂中美英苏四国国旗，翘角处悬挂宫灯；二层正中镶嵌巨型国民党党徽；三层册为横匾，上书“和平胜利”。楼柱均为彩绘，蔚为壮观。中央军校大门上书“和平永奠”、“中国陆军总司令部”等字样亦镶嵌在松柏间。中国陆军总司令部广场四周旗杆林立，联合国 52 个国家的国旗，迎风飘扬，每个旗杆下面，并排站着一名武装士兵和一名宪兵，他们头顶钢盔，脚蹬皮鞋，身着制服，手戴白手套，紧握冲锋枪。

军校南大门前，建有一座用苍松翠柏扎成的高大牌坊，上悬横匾“中国战区日本投降签字典礼”，是红底金字，尤为醒目。礼堂门前也用苍松翠柏扎起了一座屏风，上立巨型金色“V”字，“和平”二字书于两侧，中嵌“和平永奠”4个金色大字。

军校礼堂的是一座二层木建筑，巨幅国旗高悬楼顶，显得特别醒目。正门上端安置国民党党徽，入口处设有来宾签到处。各入口处都由士兵和宪兵守卫，戒备森严，气氛肃穆。礼堂中央悬挂孙中山先生遗像，两旁是中国国旗和国民党党旗，下端点缀了红色“V”字与“和平”两字。遗像对面墙上挂着中、美、英、苏4国领袖的肖像。

礼堂正中悬挂着中、美、英、苏4国国旗。大旗下为日本投降代表签字地，用淡蓝色的布，围成一个“凹”形。内置宽大的条桌和较窄的

各国代表签到入场

条桌各一张，受降席位居上首，上铺白布，桌后有 5 把带扶手的皮靠椅；投降席位居下端，桌后放 7 把木靠椅。受降席和投降席的后面，各肃立 8 名武装士兵警卫。大厅上方，悬挂着 4 盏巨型银光灯，照亮全场。签字台两旁是参加盛典的中外来宾和新闻记者、摄影记者。楼上是中外一般官员的观礼席，共计 200 余人，加上室内外仪仗队及担任警卫的士兵，约 1000 人左右。

在签字台左侧就坐的，有汤恩伯、王懋功、李明扬、郑洞国、冷欣、蔡文治、纽先铭、彭孟缉、马崇六、白雨生、卢致德、宫其光、廖耀湘、舒适存、龙天武、李涛、陈倬、弁廷芳、谷正纲、李惟果、丁惟汾、葛敬恩、顾毓琇、邵毓麟、卓衡之、马超俊、孙天放、赵思尧、刁作谦、陈行等军政官员，还有美国陆军麦克鲁少将、柏德诺准将、海军迈斯少将，英国海思中将、法国保义上校等人居右侧。此外还有加拿大、苏联、荷兰、

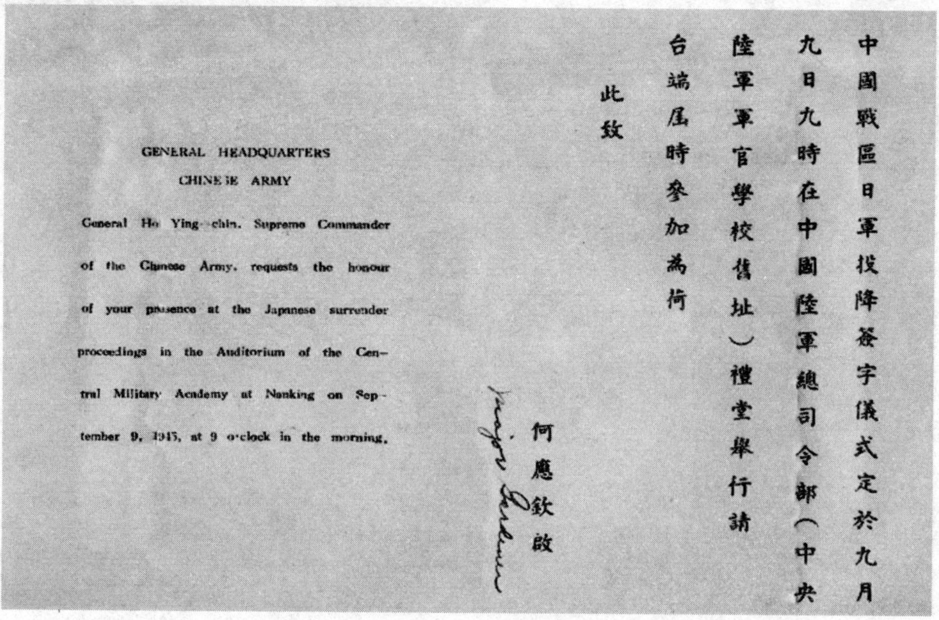
中國戰區日軍投降簽字儀式定於九月九日九時在中國陸軍總司令部（中央陸軍軍官學校舊址）禮堂舉行請台端屆時參加為荷

此致

何應欽啟

GENERAL HEADQUARTERS

CHINESE ARMY

General Ho Ying-chin, Supreme Commander of the Chinese Army, requests the honour of your presence at the Japanese surrender proceedings in the Auditorium of the Central Military Academy at Nanking on September 9, 1945, at 9 o'clock in the morning.

南京受降仪式请柬

澳大利亚等国军官40余人。楼上还有中国和盟国的观礼官员百余人，共计400余人。

投降的签字仪式，完全按照中国战区的预定方案进行：

8时43分，中外记者在场外等待，准备拍照。

8时45分，日本投降代表冈村宁次等7人分乘3辆小车，由中国军训部次长王俊中将引导来到会场外下车。日军投降代表个个面露戚容，冈村宁次低着头，失魂落魄地站立着，任凭记者们拍照。王俊将他们引至礼堂左侧的休息室。

8时50分，中外记者进入会场，依次坐下。何应钦答应记者们的要求，派专机将他们的通讯稿及时送往重庆，尽快让受降典礼盛况与广大读者见面。

8时56分，大厅内水银灯全部打开，会场通亮。中国陆军总司令一级上将何应钦率领受降官4人，在全场中外来宾肃立迎接和雷鸣般的掌声中步入大厅，记者手中的相机声响成一片，直至何应钦挥手示意各位就座，场内才安静下来。

何应钦在受降席的居中坐下，左侧是海军上将陈绍宽、空军上校张廷孟；右侧为陆军二级上将顾祝同、陆军中将萧毅肃。翻译陈武立于何应钦身后。受降席正中，摆放有一时钟，另有漆盘一个，内放一套中国的文房四宝。《降书》、《中国战区最高统帅第一号命令》及何应钦签字后的讲话稿，依次摆放在案头。

8时58分，在王俊的引导下，日本投降代表冈村宁次大将一行步入厅内。他们在投降席后排成一列，然后脱帽向何应钦等人行45度鞠躬，何应钦微微欠了欠身，并命坐下。

这里，不免想多说几句，分别代表中日双方的何应钦和冈村宁次之间，不仅仅是战胜国与战败国之间的对决，是受降人和投降者之间的较量，还是同学与同学之间的一场交手。

在他们之间，可以用“欢喜冤家”来形容，有着一种戏剧般的相逢和敌友转换的微妙关系。

1944 年末，何应钦就任中国陆军总司令之时，冈村宁次也升迁侵华日军总司令。何应钦早年曾留学日本军校，与冈村宁次先后同学，并有一定交往，因此，他们算得上是老相识。其后，何应钦回国，他们“各为其主”，以军人的身份在战场上对决。冈村宁次因侵华有功，官至总司令，而何应钦为蒋介石效力，也身居高位。

如今，当他们以这种角色出现时，彼此间的关系是十分微妙，也许

1916年在日本士官学校学习的何应钦与贵州留日同学合影

蒋介石正是看中了何应钦这一点，让他出任受降代表，以便与这位身为侵华日军总司令的日本老同学打交道。其目的，就是不让中共插手，争取更多利益，为在未来国共之争中取得优势。

以下的这段内容，或许透露出这背后的一丝隐秘。8 月 15 日，当冈村宁次的总司令部收听到天皇宣布投降的诏书后，恸哭之声和悲哀之气，如乱云翻腾，连一贯讲究威仪的冈村宁次也衣冠不整地含着泪水，向东祈祷。他的部下，有的叫嚷要剖腹尽忠，有的则主张决一死战。可在得知蒋介石向全世界发表“以德报怨”的讲话后，冈村宁次及其手下的人，就像落水者抓住了一根救命稻草，死的恐惧在减退，生的欲望在燃烧。双手沾满中国人民鲜血的战犯，甚至沉溺在回到日本，与亲人团聚的幻想之中。很显然，他们看到了生的希望，而前提，就是要积极配合国民党的受降与接收。

作为中国战区最高统帅的受降代表，何应钦为了促使冈村宁次由敌对立场转向合作态度，向日本人抛出了“橄榄枝”，他进一步阐述了蒋介石“以德报怨”的宗旨：“对于日本，我们将不念旧恶，不愿企图报复，我们将以德报怨，与人为善，将以战时同样巨大的力量，完成我们战争停止后的工作。”随后，他对冈村宁次下达指令：调动日军，占领中国战区内各军事、政治、经济、交通要点，等待国民党军队接收；对非国民政府指定的受降部队，应拒绝投降，对于擅自向共产党军队投降的日军指挥官，我将以武力制裁之。

战胜国固然要对战败国表现出一种高姿态，毕竟是胜利者，有着巨大的心理优势和国格荣誉。但如深究何应钦的这番表白，似乎其背后还另有隐情。“以德报怨”，表现的是中国人民对日本国的一种宽宏大量，但仅仅如此吗？恐怕还不尽然。

中华民族向以博大胸襟和宽厚待人著称，即便是面对格杀勿论的日本侵略者，只要他们投降认罪，不再与我为敌，除了首要战犯外，也是可以得到宽恕。问题是蒋介石“以德报怨”的出发点，在体现这种人格魅力的同时,是否还附带有“假公济私”的杂念？即为顺利接收做好铺垫。

尽管我们不能把蒋介石对日“以德报怨”的讲话，当作是一种“别有用心”的企图，但在体现中华民族这一高尚情操和历史传承的同时，为蒋介石顺利接收百万侵华日军埋下了伏笔，亦是不争的事实。这无疑是一笔巨大财富，对国共之争中的国民党而言，显然增添了举足轻重的砝码。我们不应以“小人之心,度君子之腹”,但从结果来看,蒋介石的“以德报怨”，颇有“认敌为友”之嫌。为了表现中国的高风亮节，使我们丧失了作为受害国所应有的权利和被得到的尊重，付出了极大代价。而这种后果，是无法弥补的。

冈村宁次在得到何应钦的承诺后，如同吞服了一颗定心丸，他松了一口气，深感自己虽是败军之将，但还有着巨大的利用价值，他要好好地谋划，为自己留下一条后路。

8 月 18 日，冈村宁次秘密拟订了《和平后对华处理纲要》上奏日本当局，他认为，“为了将来帝国之飞跃及东亚之复兴，我们首先应促使重庆中央政权的统一。至于重庆、延安之间的关系，本须由中国自己去处理，但延安方面如有抗日、侮日行为，我们仍应断然予以讨伐。重庆对此将会默许。我已决定将应向中国方面移交的武器、弹药、军需品等，均按何应钦将军指示的时间、地点交给他指定的部队，为充实中国中央政权的武力做出贡献”。

很显然，在他们之间似乎已达成某种默契。其后，侵华日军从受降到缴械，冈村宁次均与何应钦“保持一致”，采取了相当配合的态度，使国民党得以顺利接收。阐述这一史实，其目的是为了认清时局的复杂性。国民党为了一己之利，影响到国家的整体利益，这是后话。

还有一则内容，似乎亦能从中看出一些端倪。8 月 19 日，在何应钦家中，召开了受降工作的第一次会议，有陆军大学兵学研究院主任徐祖贻、委员长侍从室第五组组长邵毓麟、“陆总”二处处长钮先铭、军训部次长王俊、特别高参黄瀛参加。由何应钦主持，他说：“我们马上就要开始受降工作，我很想知道波茨坦会议后的国际情况。邵毓麟（原任驻纽约总领事）你刚从美国回来，见闻多，请你讲讲。”邵说：“我在美国已经看过苏联在欧洲接受德国投降的电影，一切都是在苏联的安排下进行的，苏联的态度很粗暴，好像法官在审讯犯人一样。这也表现出欧洲人民对希特勒的愤慨。”徐祖贻接着说：“我们在签订《塘沽协定》时，日本人太欺负人了，我看谁都受不了那个气。”在场的黄瀛不禁想起何应钦

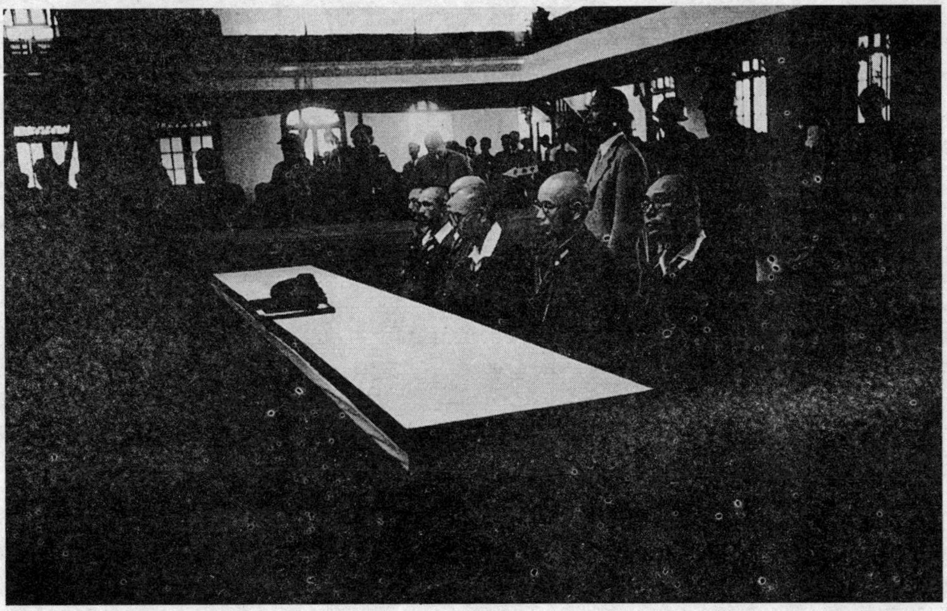

日军投降代表席

曾对他说过，他在任军委会北平分会主席时，日方一个校级参谋便随便地和他见面。有时，一个日军班长也可到军分会来找他。何曾忿忿地说："这种气实在是受不了，要不是政府派我去主持工作，我真不想干了。"可当邵、徐发言时，黄非常注意观察何应钦的反应，他脸色没变，只是沉默不语。徐祖贻结束他的讲话时说："日本小国投降，我们一定要像苏联那样对待他们。"王俊接着发表他的意见："我们还是按国际公法对待日本

受降仪式

投降，这也涉及到盟军。因为日本已放下枪，他们是投降。”何应钦最后说：“我们讨论这些问题，要考虑到日本是毗邻之邦，隔得太近了。我同意按国际公法办，礼貌地对待他们。”何非常谨慎地说完后，很注意大家的反应。在黄瀛看来，从何讲话的情况来看，他估计是已请示过蒋介石。这一细节，多少能反映出高层对日态度的转变。

现在，让我们把镜头再切换到日本投降仪式的现场。此时此刻，人们正拭目以待，期盼这一幕历史大戏的高潮尽快到来。看正义主角的英姿亮相，瞅反派人物的灰暗丑态。

日军投降代表按原定座位依次在投降席坐下，侵华日军最高指挥官冈村宁次陆军大将居中，左侧为中国派遣军总参谋长小林浅三郎陆军中将、中国派遣军总参谋副长今井武夫陆军少将和中国派遣军参谋小笠原清陆军中佐；右侧是中国派遣军舰队司令官福田良三海军中将、驻台湾第十方面军参谋长谏山春树陆军中将以及驻越南第三十八军参谋长三泽昌雄陆军大佐。他们分别代表日本中国派遣军、驻台湾军与驻法属印度支那北部军向盟军中国战区投降。翻译木村辰男立于冈村宁次身后。

待日军投降代表坐定，何应钦宣布，记者可以拍照5分钟。这时，中外记者们纷纷上前，捕捉这伟大而神圣的历史画面。这一时刻的到来，让人等了许久，它是亿万人用鲜血和生命换来的，弥足珍贵。

9时4分，日方代表小林浅三郎向何应钦呈递了由冈村宁次授权投降的证明书，他隔着宽大的条桌，躬身用双手捧上。但因桌面太宽，尽管小林竭力俯身前倾，手臂仍达不到何应钦的面前，使得何应钦不得不起身来接。在如此重大场合，他的这一举动后来遭至不少非议，认为他有“媚日”之嫌，有损国格。其实这是冤枉了何应钦，事实上因桌子太宽，不起身确实够不着。

受降仪式现场

何应钦接过小林呈送的文件坐下检阅后，将证明书留下。接着，他将日军《降书》正副本交由萧毅肃转交，冈村宁次起立双手接捧。他一面逐字阅读降书，一面手握毛笔，小林则在一旁研墨。阅毕，冈村宁次用微微颤抖的手，取笔蘸墨，分别在两份降书上恭恭敬敬地签上了自己的大名，随后又从上衣袋里取出一枚圆形图章，轻蘸印泥，盖于名下。记者抓住这短暂的机会，纷纷抢拍下这具有历史意义的镜头。时间，定格在 9 时 7 分。

虽然同是签字，但签字与签字的内涵与心境截然不同。冈村宁次曾代表日方参加过 1932 年上海“一·二八”事变和 1933 年 5 月 31 日《塘沽协定》与中方的签字，那时，他是以一个胜者的姿态出现，是那样的张狂和傲气；可如今，他背负着一个降使的身份，所执行的使命，是在日本投降书上划上自己的大名，且又是那样的垂首和听命。

历史就是这样无情，作为侵华日军最后一任总司令官，冈村宁次吞服下日本军国主义所酿的这杯苦酒，也为穷兵黩武的日本侵略者所犯下的滔天罪行“埋单”。事实再一次证明：谁笑到最后，谁才是胜利者！

随后，冈村宁次一面命小林将降书呈递何应钦，一面向他点头，示意日本业已无条件投降。小林走到受降席，双手将降书呈递。何应钦接过冈村宁次签名盖章的《降书》审阅后，亦在上面签字盖章，旋即将1份降书交萧毅肃，命他转给冈村宁次。接着，何应钦又将《中国战区最高统帅第一号命令》命萧毅肃转交，冈村宁次在受领证上签名盖章后，命小林呈递。随后，何应钦宣布日军投降代表退席。

冈村宁次等人退场后，何应钦发表了简短演说，敬告全国同胞及全世界人士，“中国战区日军投降签字，已于本日上午九时，在南京顺利完成。这是中国历史上最有意义的一个日子，这是八年抗战艰苦奋斗的结果。

南京受降，日本代表黯然退出受降会场

何应钦发表广播讲话，宣布日本向中国无条件投降签字仪式胜利结束

东亚及全世界人类和平与繁荣，亦从此开一新的纪元……”很快，何应钦的讲话被译成英文向全世界广播。

9时20分，在雷鸣般的掌声中，中国战区一百二十余万日军的投降签字仪式顺利完成，何应钦率领受降人员退席。

当日中午，何应钦在今中山东路307号原励志社举行酒会，宴请中外来宾，共庆抗日战争的伟大胜利。下午3时30分，何应钦率文武官员及中外记者恭谒孙中山先生陵寝，以告慰先总理的在天之灵。

同日，日本天皇在降书上签字，并发布诏书；日本首相东久迩宫也向日本全国发表文告。至此，德、意、日法西斯发动的第二次世界大战，以法西斯的彻底失败，反法西斯的最终胜利而载入史册。

日本投降纪念戳

当晚，冈村宁次向全体驻华日军下达投降命令。日本投降签字结束后，何应钦宣布中国陆军总司令部第一号命令，自即时起，冈村宁次已不再是“支那派遣军司令官”，改称“日本官兵善后总联络部长官”，而“支那派遣军总司令部”也更名为“官兵善后总联络部”。具体任务就是传达、执行中国“陆总”的命令，办理日军投降后的一切善后事

宜。这一名称的改变意味着，日军由不可一世的占领军而变成惶惶无终的战俘。

这是一个激动人心的时刻，这是一个令人难忘的时刻，一纸降书，把我们从血泪中拯救出。被蹂躏的众多生命，终于迎来新生的时节；被涂炭的众多亡灵，终于有了昭雪的机会。

我们热爱和平，但和平却被剥夺；我们诅咒战争，但战争偏偏降临。偌大一个中国，陷入到一场悲愤和沉重之中。没有什么比国土沦丧更为

中国代表何应钦（中）等人完成受降仪式后，神情愉悦地走出大会堂与民众见面

痛心，没有什么比家破人亡更为伤感。而这一切罪恶之源，都来自一个叫做“JAPAN”的国度。

中国人的善良，并没有唤起美好的祝福；中国人的雅量，同样也没有得到应有的回报。相反，我们却为此付出了沉重的代价，正如一句歌词中所唱的那样——“为什么受伤的总是我”。

过于忍让，就是懦弱；太多善良，总被人欺。我们必须站起来，挺直胸膛说话。国人任凭宰割、人为刀俎、我为鱼肉的时代，已一去不复返。

为了不忘这一历史瞬间，为了铭记这一艰难岁月，特附上日本国的一纸降书，立此存照。这是日本侵略者的降幡，亦是亿万中国人的喜报。其目的就是深深告诫国人：它来之不易，值得我们去回味与深思，认识和警醒！

我们曾经有过悲哀，但如果我们不能鉴往知今，那就是最沉重、最不能挽回的悲哀了！

日本政府向中国投降降书

（1945年9月9日）

一、日本帝国政府及日本帝国大本营，已向联合国最高统帅无条件投降。

二、联合国最高统帅第一号命令规定：“在中华民国（东三省除外），台湾与越南北纬十六度以北地区内之日本全部陆海空军与辅助部队，应向蒋委员长投降。”

三、吾等在上述区域之全部日本陆海空军及辅助部队之将领，愿率领所属部队向蒋委员长无条件投降。

四、本官当立即命令所有上第二款所述区域内之全部日本陆海空军各级指挥官，及其所属部队与所控制之部队向蒋委员长特派受降代表、中国战区中国陆军总司令何应钦上将，及何应钦上将所指定之各地区受降主官投降。

五、投降之全部日本陆海空军立即停止敌对行为，暂留原地待命，所有武器弹药、装具器材、补给品、情报资料、地图、文献档案及其他一切资财等，当暂时保管。所有航空器及飞行场一切设备，舰艇、旧船舶、车辆、码头、工厂、仓库及一切建筑物，以及现在上第二款所述地区内日本陆海空军，或其控制之部队所有，或所控制之军用或民用财产，亦均保持完整，全部待缴于蒋委员长及其代表何应钦上将所指定之部队及政府机关代表接收。

六、上第二款所述区域内日本陆海空军所俘联合国战俘及拘

日本投降书

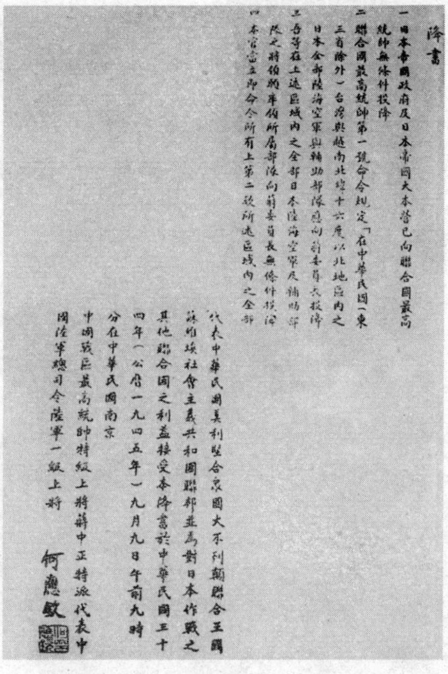

降書

一 日本帝國政府及日本帝國大本營已向聯合國最高統帥無條件投降

二 聯合國最高統帥第一號命令規定「在中華民國（東三省除外）台灣與越南北緯十六度以北地區內之日本全部陸海空軍與輔助部隊應向蔣委員長投降

三 吾等在上述區域內之全部日本陸海空軍及輔助部隊之將領願率領所屬部隊向蔣委員長無條件投降

四 本官當立即命令所有上第二款所述區域內之全部

代表中華民國美利堅合眾國大不列顛聯合王國蘇維埃社會主義共和國聯邦並為對日本作戰之其他聯合國之利益接受本降書於中華民國三十四年（公曆一九四五年）九月九日午前九時分在中華民國南京

中國戰區最高統帥特級上將蔣中正特派代表中國陸軍總司令陸軍一級上將 何應欽

何应钦签字的日本无条件投降书之部分

留之人民立予释放，并保护送至指定地点。

七、自此以后，所有上第二款所述区域内之日本陆海空军，当即服从蒋委员长之节制，并接受蒋委员长及其代表何应钦上将所颁发之命令。

八、本官对本降书所列各款，及蒋委员长与其代表何应钦上将以后对投降日军所颁发之命令，当立即对各级军官及士兵传达遵照。上第二款所述地区之所有日本军官佐、士兵，均须负有完全履行此类命令之责。

九、投降之日陆海空军中任何人员，对于本降书所列各款，及蒋委员长与其代表何应钦上将嗣后所授之命令，倘有未能履行，或迟延情事，各级负责官长及违犯命令者愿受惩罚。

受何应钦之命，冷欣于当日中午携带由冈村宁次签字盖章的日本降书乘飞机飞往重庆。次日上午9时，在国民政府礼堂举行的中枢纪念周上，冷欣将日本投降书呈递蒋介石察阅，并将冈村宁次签字的情形作了口头报告。呈递仪式简单隆重庄严，全体人员起立鼓掌。当天下午，冷欣返回南京，向何应钦复命。

【十】胜利的喜悦

八月十日，当日本投降的消息传出后，中华大地沸腾了。无论是解放区、大后方，还是沦陷区，人们迅速传递着这一喜讯，共同分享这份惊喜。随后，全国各地都举行了盛大的庆祝会。笑迎胜利的到来，祝福祖国的新生。

万籁俱寂的宁静夜空，被骤然响起的枪声所划破，14 年的苦难，千万人的亡灵，终于盼来了这个令人醉心的时刻：1945 年 8 月 10 日，日本宣布无条件投降。

无法抑制的内心激动和几近疯狂的欣喜之情，难以用语言来表达，对空鸣枪，大概就是一种最好的释怀方式。枪声，既是向胜利者致贺道喜，亦是向故去者志哀追思。

蒋介石在抗战胜利大会上讲话

枪声，在战场上曾经展现了中国人民抵御外侮，抗击法西斯的决心；可如今，它却是欢快之语，是和平的奏响，令人振奋，激动不已。

后生者，也许永远无法体味到那一刻的欣慰；而当事人，则永远无法忘怀那一刻的惊喜，以及所不能承受的生命之重。

8 月 10 日午后，当日本投降的

汉口军民庆祝抗战胜利

消息从国际电讯传出后，中华大地沸腾了。无论是解放区、大后方，还是沦陷区，人们迅速传递着这突如其来的喜讯，好让更多的人早些知道，分享这份惊喜。是啊！没有什么比生命更值得珍惜，当被蹂躏和践踏的生命重又焕发新春时，心头的压抑全消，心中的愁怅尽失，心底的苦难不在！那一刻，犹如静水中投入一颗巨石，掀起狂欢的巨浪。

人们簇拥相抱，晶莹的泪水，如江河奔涌，浸湿了衣衫。它饱含多少痛楚、充满无限感伤，然而更多的，还是风雨之后又见彩虹的喜悦，是幸福的热泪一行行。

哭吧，尽情地哭吧！让泪水洗刷我们心中的血和恨；既然“和平”是那样的令人希冀，我们为何不放声恸哭？

笑啊，尽情地笑啊！让欢声激发我们心中的情与思；既然“胜利”又是那样来之不易，我们为何不开怀畅笑？

此时的山城重庆——国民政府的战时陪都，沉浸在欢快的喜悦之中。锣鼓声声，载歌载舞，大街小巷，欢呼声与鞭炮声汇成一片，彻夜不息，教堂的和平钟声在全市回荡。全城灯火辉映，家家喜不自禁，迎来了一个醉人的不眠之夜。

八年来，中国人民饱受日寇的蹂躏、践踏和屠杀，国土沦丧，血流成河，命如草芥，而今日却一扫阴霾，阳光普照大地。日本侵略者终于被钉在历史的耻辱柱上，压在千万人心头的忍辱、苦闷和抑郁，全都释放出来。

重庆军民欢庆胜利

重庆军民欢庆胜利

8 月 28 日，中国政府颁发了庆祝抗日战争胜利的通知：1. 悬挂国旗 3 天，同时悬挂美、苏、英同盟国国旗。2. 放假 1 天。3. 各地各界举行丰富多彩的庆祝活动，并可举行火炬游行。4. 鸣礼炮 101 响。5. 教堂、庙宇、工厂、轮船、火车等，鸣笛敲钟击鼓 3 分钟。6. 盟军的驻地，由地方军政长官出面举行茶话招待会。7. 发动各界征求实物，组织慰问团，分赴各处慰问荣军与抗日官兵的家属。8. 各戏院娱乐场所，一律开放 1 天，免费招待荣军与抗日官兵的家属。9. 各地舞厅开放 3 天，免收门票招待盟军。10. 各地报纸出庆祝抗日战争胜利的特刊。

重庆军民欢庆胜利

9 月 3 日，重庆举行了隆重的庆祝活动，全城一派节日气氛，在主要干道，矗立了许多各式各样的松柏牌坊，四处悬挂的国旗，在风中飘舞。街头巷尾，到处是比肩的人群，个个脸上，都洋溢着一种幸福的神情。

重庆军民欢庆胜利

胜利后的蒋介石

上午9时，各界人士聚集在市中心举行庆祝大会，101声礼炮响彻云霄。11时20分，由3辆摩托车开道，蒋介石乘坐的敞篷车紧随其后，国民政府的要员居正、戴季陶、于右任、吴铁城、冯玉祥、白崇禧、吴鼎昌、陈立夫、张治中、吴国桢、谷正纲、王缵绪、莫德惠、贺耀祖等出席了庆祝大会。

12时，蒋介石乘车抵达中心路口时，军乐齐奏，仪仗队持枪致敬。由于参加集会的人多，造成交通堵塞，车队只能缓行。12时30分，6万余人参加的大游行开始，总指挥是王缵绪。在游行队伍中，由荣誉军人乘坐的4辆大车，代表着抗战中光荣负伤的英勇将士；其后的2辆大卡车，坐的全是出征军人的家属，他们同样具有不可战胜的精神力量。6辆大卡车每到一地，市民高呼口号向他们致敬。由数十辆吉普车组成的盟军游行车队，坐着与中国官兵协同作战的盟军代表。参加游行的还有国民政府五院各部、会代表队，代表工、农、兵、学、商各界的庞大方队以及彩灯队、舞龙队和舞狮队等。整个游行一直持续到下午3时30分才结束。

蒋介石在庆祝大会上发表讲话，他说："全国同胞们，日本已向我们联合国家正式签订降书，世界反侵略战争至今已完全结束。中国八年来艰辛的抗战，到今天才算是达到了最后胜利的目的。今天是薄海腾欢的一天，也是我们全国同胞们在饱受艰难，备尝痛苦之余，应该庆祝鼓舞的一天。全国军民经过八年来无比的痛苦和牺牲，才完成今日光荣的战果……"

山城人民欢庆抗战胜利，只是中华大地上的一个缩影，当时是举国同庆，神州共欢，笑迎胜利的到来，祝福祖国的新生；而山城人民的喜悦和幸福，则是我四万万同胞感同身受。地不分南北东西，人不分男女老幼，都心驰神往、激动不已。

70 年转瞬即逝，弹指一挥间。如今，经历了这一岁月的人，许多都已不在，即便当年的孩子，如今也是耄耋老者。岁月无情，甚至能改变一切，却抹不掉他们心中镌刻的永久记忆：1945 年 8 月 10 日，今生难

被日军蹂躏长达14年的东北人民欢庆解放

延安军民庆祝抗战胜利大会

忘。亲历者用生命作代价，在饱尝了恐怖的战争滋味与残酷的生存环境后，才能真正体味出劫后余生的欣慰，深刻感悟到挣脱枷锁的快意！那一刻，是难以抑制的欢歌笑语和一醉方休的欲罢不能。所有的人都沉浸在喜悦之中，享受这欢乐时光带来的幸福。即便是哭，流下的也是万劫之后的欣喜热泪，悲怆中显现的是新生气韵！

【十一】各地受降述要

按照同盟国对日本受降区域的划分，中国（东北除外）、台湾及法属印度支那北纬十六度以北地区的日军，向中国战区最高统帅投降。八月二十二日，中国『陆总』部署了受降的具体安排，将全国划分为十六个受降区，接受日军投降。

设立中国战区，是在华盛顿召开的美、英参谋长联席会议决定的。1941 年 12 月 31 日，美国总统罗斯福致电蒋介石，由蒋负责指挥在中国战区境内（包括在越南及泰国）联合国家的军队。次年 1 月 2 日，蒋介石就任盟军中国战区统帅。这样，中国战场成为世界反法西斯同盟的一个战区，同时在组织作战等方面受盟军统帅部领导。

同盟国对日本受降区域的划分，是依据日本侵略者占领地区来划分的。最后根据日本政府和大本营向联合国投降的降书，以及远东盟军最高司令麦克阿瑟对日本政府所下的第一号命令，把同盟国对日本受降区域的划分合法化。其中，中国受降区：中国（东北除外）、台湾及法属印度支那北纬 16 度以北地区的日军，向中国战区最高统帅投降。

日本投降后，8 月 22 日，中国“陆总”部署了受降的具体安排，为了保证接收工作的有序和稳妥，将全国划分为 16 个受降区（原为 15 个，后加上一个台澎区），并明示中国战区各地区受降主官及所属受降地区及接收地点：

第一方面军司令官卢汉，接收地区：越南北纬十六度以北地区。地点在河内。

第二方面司令官张发奎，接收地区：广州、香港、雷州半岛、海南岛。地点在广州。

第三方面军司令官汤恩伯，接收地区：南京、上海。地点在上海、南京。

第四方面军司令官王耀武，接收地区：长沙、衡阳、岳阳。地点在长沙。

第七战区司令长官余汉谋，接收地区：曲江、潮汕。地点在汕头。

第九战区司令长官薛岳，接收地区：南昌、九江。地点在南昌。

第三战区司令长官顾祝同，接受地区：嘉兴、杭州、金华、厦门。地点在杭州。

第六战区司令长官孙蔚如，接受地区：武汉、沙市、宜昌。地点在汉口。

第十战区司令长官李品仙，接收地区：徐州、蚌埠、安庆、海州。地点在徐州。

第十一战区司令长官孙连仲，接收地区：天津、石家庄、北平、保定。地点在北平。

第十一战区副司令长官李延年，接收地区：青岛、德州、济南。地点在济南。

第一战区司令长官胡宗南，接收地区：洛阳、新乡、郑州。地点在郑州。

第二战区司令长官阎锡山，接受地区：山西省。地点在太原。

第十二战区司令长官傅作义，接受地区：察哈尔、绥远、热河三省。地点在归绥。

第五战区司令长官刘峙，接受地区：郑州、开封、新乡、南阳、襄阳、樊城。地点在郾城。

其后，又任命台湾行政长官公署长官陈仪为台湾及澎湖列岛受降主官，接受地区：台湾及澎湖列岛。地点在台北。

各受降区的接收工作，主要分为军事接收与党政接收，其中军事接

孙连仲

收包括解除日军武装、接管战略要地、武装保卫地方秩序等，这是接收敌人投降的首要工作。在此基础上，再进行党政接收，以确保地方秩序的稳定。

上述一系列工作，都将于当地受降签字完毕后正式展开。因此，迅即做好各地区的受降工作，就显得尤为重要。这既是行使战胜国的一种权利，亦是为后面实质性工作的开展做好铺垫。

16 位受降主官在接到命令后，立即组织有关人员奔赴各自的接收地区，并先后主持了当地日军的受降工作。

8 月 18 日，中国战区最高统帅蒋介石电令第十一战区司令长官孙连仲上将为受降主官，指挥所属各部，负责接收北平、天津、保定、石家庄地区日军华北派遣军的直辖部队。25 日，中国陆军总司令何应钦将军电示孙连仲将军，该地区日军投降地点为北平。

孙连仲接到命令后，首先在北平设立前进指挥所，指派副参谋长吕文贞少将为前进指所主任，其主要任务是：传达本战区受降主官的命令，督促日军从速履行无条件投降；关于本战区境内伪军的调查及处置，随时向主官提出报告与建议；为长官司令部及省政府的进驻做准备，要求日军随时提供一切方便。

接受接洽任务的前方将士，一方面无不士气高涨，但同时又显出几许茫然。毕竟此前的 100 多年，国运使然，鲜有胜绩，从未有过胜利者之身份。如今傲然登台，不免有些陌生和奇妙。那样的感觉，一时还难以适应。9 月 9 日，吕文贞等前进指挥所成员 44 人由西安飞赴北平，指挥所设于北平定埠大街。

10日上午，吕文贞召见日军华北方面军司令官根本博中将，作非正式谈话。吕将军说："今天因贵官没做准备，且无正式证明身份文件，所以只作一般非正式谈话。在受降部队来接收各地区前，日军要继续维持治安。我代表第十一战区受降主官孙连仲上将来北平办理日军投降。"

根本博介绍了自己及副手的情况后表示："对北平、天津、保定、石家庄等地的安全绝对负责。与前进指挥所的公文联络，指定高桥坦参谋长为本人的全权代表，贵军何时到达？"

吕将军说："中国军队到达日期，目前还不清楚，待以后另行通知。"

12日上午，吕文贞主任召见高桥坦中将，作第一次正式洽降。吕将军说："我受第十一战区司令长官孙连仲上将的委托办理日军投降。孙连仲将军的第1号备忘录，你们收到没有？"高桥说："收到了。"

吕将军说："关于指示日军缴降应准备的事情，贵官是否知道并遵办了？"高桥回答："全部知晓，尤其是关于华北方面所应准备的事情正在积极遵办。"

吕将军说："贵官根据备忘录在缴降以前准备的文件，是否准备？"高桥回答："有准备好的，也有正在下令赶办的。"

吕将军说："本受降区关于军事准备之事项，现有训令交给你，请你一定照办。此外，尚有关于一般应准备事项，另有一训令交给你，望照办。"高桥一一答："是。"

吕将军说："近来闻各地日军有故意破坏武器、仓库，转移武器资料等事发生，深盼以后不许再出现此种事件，贵军司令官应切实负责，防止再次发生。"高桥："本军已下令严厉禁止，保证以后决不发生。"

吕将军说："贵官已领3件训令，是否已确实了解。"高桥："已全部明了，当转致根本博将军迅予遵办。”

22 日上午，吕文贞第 2 次面见高桥坦，再次洽谈。

同样，作为投降者的日军，在接受失败命运的同时，依然跋扈，竟然提出在投降仪式上要求佩戴军刀、勋章，妄图保留大日本皇军所谓的“面子”。这一要求违反了同盟国的共同规定，当即遭到中方严词拒绝。日军的无理要求，触动了中方的尊严，面对这样的挑衅，吕文贞予以还击，当即决定，取消原定于中南海怀仁堂内举行的受降计划，而改在可容纳万余人的紫禁城太和殿广场，公开举行受降仪式，与国人分享胜利之欢。

10 月 10 日双十节，风和日丽，秋高气爽。这一天，是北平 200 万市民永远难忘的一天。第十一战区受降仪式在故宫太和殿前临时搭建起的会场中隆重举行。从四面八方涌来的平民，将超大的太和殿广场挤得水泄不通，前来观礼的总人数达 10 万有余。

室内正面墙上悬挂着孙中山像，中国国旗及国民党党旗分列两旁。四周悬挂中、美、英、苏 4 国国旗及金色“V”字符号。场内放着两张铺着白色台布的长桌，一张为受降席，一张为投降席。两旁为中外来宾及记者席。

日方投降代表入场

上午 9 时 20 分，负责担任警卫任务的仪仗队——第十一战区特务团向受降台行进。9 时 30 分，北平市长熊斌及其他党政军要员步入会场。9 时 40 分，美军司令罗基少将、华顿参谋长、英国代表蓝来纳、苏联代表巴斯里克耶夫、法国代表马至礼、荷兰代表高克等外宾相继莅临。9 时 50 分，在军乐声中，主持受降仪式的第十一战区司令长官孙连仲偕同前进指挥所主任吕文贞将军等一起步入太和殿广场，观礼民众报以热烈掌声。

10 时整，景山顶上的军号长鸣，宣告太和殿前的受降仪式开始。会场礼炮响起，军乐队奏乐。全体人员垂手肃立，为在抗战中牺牲的烈士默哀。日本代表团成员则低头躬身，向中国人民谢罪。

随后，身着上将军服的孙连仲将军步下太和殿台基，立于受降台后正中，接着，典礼司仪宣布引降使到场。在第十一战区司令长官部初光参谋长的导引下，投降的日军代表、华北日军最高指挥官根本博中将、参谋长高桥坦中将及副参谋长渡边渡少将等 21 人，由太和门左腋门入场，行至受降台前立正。

这时，初光参谋长将 3 份投降书分别置于台上，司仪宣布："日本投降代表华北方面军司令官根本博签字。"随后，根本博一一签字盖章后，呈交孙连仲将军。孙将军则在"受降主官"栏下签字盖章。接着，司仪宣布："日本投降人员献刀。"在众目睽睽之下，自日军投降代表根本博、高桥坦、渡边渡以下诸人依次呈献 21 柄军刀，逐一放置于受降桌上，随后，由初光参谋长引导退席，出熙和门左门离去。那一瞬间，是一个十分不平凡的时刻，这是侵略者的必然下场，亦是亿万中国军民奋战的结果。这时，一架盟军 B52 轰炸机自会场上空隆隆飞过，在乐队高奏国歌声中，全体军民在孙连仲将军带领下，高呼："中国万岁！"、"胜利万岁！"

10 时 35 分，平津地区受降典礼完毕，它标志着一个历史时段的终结。自卢沟桥事变以来，日军占领北平，这座古老的历史名城被太阳旗裹挟，惨遭蹂躏。如今，饱经忧患的北平重获解放，扬眉吐气。

胡宗南与夫人叶霞翟在重庆（摄于1949年）

中国战区最高统帅蒋介石于 1945 年 8 月 13 日命令第一战区司令长官胡宗南与第二战区取得联系，监视解除日军武装。接着，任命胡宗南为受降主官，负责接收洛阳地区。日军投降部队为第十二军的一部分，投降代表是一一〇师团师团长木村经广中将。

8 月 29 日，胡宗南以宗字第一号备忘录转送木村经广，告知第一战区奉命接受该部投降，即日起执行第一战区命令，停止一切敌对行为。第一战区在洛阳设立前进指挥所，以裴昌会中将为主任。

其后，何应钦命令第一战区受降范围扩大到洛阳、开封、郑州和新乡地区，日军投降代表为第十二军司令官鹰森孝中将。

9 月 3 日，第一战区先遣部队抵达郑州，设立前进指挥所，战区副参谋长李昆岗少将任主任，办理受降工作。6 日，李昆岗飞抵郑州，当即将“宗郑字第 1 号备忘录”送给鹰森孝中将，第一战区奉命接收洛阳、郑州、开封、新乡等地日军，在洛阳、郑州分设前进指挥所，就近解决日军投降缴械问题。当时，日军第十二军团因未接到更改投降地区的命令，故仍与第五战区接洽投降，致使第一战区受降工作延迟。其后，鹰森孝即派该部参谋长中山源夫少将等到郑州前进指挥所接洽投降。

18 日，第一战区司令长官胡宗南、副司令长官兼参谋长范汉杰中将同机抵郑州。22 日上午，在郑州前进指挥所的大礼堂举行了简单而隆重的日军投降命令受领仪式。礼堂正面悬挂深蓝色布幔，前面分别竖有中、美、英、苏 4 国国旗和领导人的肖像。礼堂正面悬挂孙中山像，两边分挂中国国旗与国民党党旗。礼堂正中放置一张铺盖白色台布的长桌，为受降席，其对面为投降席。两旁还设有该战区将校席、来宾席、记者席以及仪仗队等。

8 时 55 分，当第一战区司令长官胡宗南上将等受降官进入礼堂时，全体起立鼓掌欢迎。胡在受降席中间就坐，左为范汉杰中将、刘茂恩中将、马法五中将，右为李昆岗少将、裴昌会中将。此外，还有战区高级将领、国民党河南省党部书记以及盟军代表、新闻记者，计 70 余人。

8 时 58 分，日军投降代表第十二军司令官鹰森孝等 5 人，在中国陆军第一师师长黄正诚少将引导下进入礼堂，在受降席前面排成一行，向受降主官鞠躬敬礼，胡宗南令其坐下。

待日军投降代表坐定，范汉杰宣布摄影 3 分钟，鹰森孝面容沮丧，低垂着头，形似木鸡。

鹰森孝起立说："本人今日前来拜受命令。"胡宗南说："贵官有无证件？"鹰森孝双手呈递自己的身份证。胡将军阅后，连同宗字第 1 号命令交给范汉杰转递鹰森孝。鹰森孝恭立接受，并在命令授领证上签字盖章，然后呈递胡宗南。

胡将军说："希望贵官切实执行我的命令。"鹰森答："是。"随后，胡宗南命令日军投降代表退席。

仪式结束后，胡宗南发表简短演说。演讲毕，中外观礼人员纷纷向胡宗南道贺。随即，胡宗南率全体人员在操场集合举行升旗仪式，郑州市各界上万人参加。

受领仪式结束后，第一战区所属部队向日军驻地接防。至 10 月 3 日，中国军队在各地区的接防任务进行完毕。

1945 年 8 月 10 日和 15 日，中国战区最高统帅两次电令第六战区司令长官孙蔚如中将，日军一旦投降，随时做好接收准备。18 日，中国战区指派孙蔚如为受降主官，指挥所属各部负责接收武汉、沙市、宜昌地区，日军投降代表是第六方面军司令官冈部直三郎大将，地点在汉口。孙蔚如根据蒋介石的电令指示，拟订了对日、伪军处理纲要，命令所属部队执行。同时派少将副参谋长谢士炎前往汉口设立前进指挥。

25 日，孙蔚如向日军第六方面军司令官冈部直三郎发出第一至三号备忘录：通告第六战区司令长官受降任务，令其向第六战区投降，不得阻碍中国军队前进。并令所部立刻前来联络，限 27 日上午 12 时答复。接着，下达各部队进军令，随即进驻宜昌，并向沙市、武汉方面推进。27 日，何应钦抵达恩施，为受降之事“训示机宜”。28 日，第六战区以第四号备忘录通告日军投降代表，告知该地区受降主官及投降部队集结地点及其他事项，并要求在中国军队未到以前，日军所有部队，担任各地的警备和秩序的维持，等待受降部队的到来，并与各受降部队首长取得联系后，接收受降部队的命令，到指定地点集中。随后，又相继发出第六、七号备忘录，告知少将参谋处长谢士炎等 48 人乘飞机前往汉口，令日军呈递各类图表。30 日，谢士炎一行抵达汉口，设立第六战区司令长官前进指挥所，代表“长官部”行使指挥一切权力；同时令国民党第十集团军总司令王敬久兼任武汉地区日军总受降官。9 月 13 日，王敬久抵汉，开始办理受降事宜。14 日，国民政府军委会正式任命第六战区副司令长官兼参谋长郭忏为武汉警备总司令。国民党第十集团军各部于 14 日到达武汉附近，16 日进入武汉市区。17 日，孙蔚如一行乘船抵汉。同日，第六战区前进指挥所撤销，同时在汉口上智中学内设立第六战区司令长官部行使职权。

9月18日，是日军侵占东三省14周年国耻纪念日。这一天，汉口中正路成为鄂省的焦点，中山公园西北角的大草坪上，有一座平顶式的横列房屋，是为表彰清朝湖广总督张之洞的功绩而兴建的“张公祠”，第六战区受降仪式就定在这里举行。祠门上的房额“张公祠”三字被铲掉，换上了“受降堂”三字金字。堂厅正中悬挂孙中山总理的遗像、国民政府委员长蒋中正的像和中华民国国旗。

下午3时，孙蔚如、郭忏等率党政军要员计88人，相继进入受降堂即位。堂厅正中摆放着一长列会议桌，孙蔚如司令长官身着戎装，临时带上上将的领章（实为中将），作为华中地区受降主官坐在正中，两侧是武汉地区总受降官王敬久、湖北省政府主席王东原，其他则是军职师长以上，文职市长、省市党部主任委员和厅长以上的官员，以及地方耆宿、民意代表、美军顾问等。

随后，两辆军用摩托导引着一辆竖有白旗的黑色轿车驶入，停在草坪进口处。日军投降代表第六方面军司令官冈部直三郎大将走下车来，他个子矮小，蓄着仁丹胡子。身后是参谋长中山贞武少将及来福栖静岛、冈田芳政、清水勖之大佐。守候在受降堂台阶前的司令长官部少将副官处长蒋虎杰快步走上前，带领他们走到“受降堂”。

在众目睽睽之下，冈部直三郎大将及幕僚4人走进堂厅，站在孙蔚如面前，脱帽敬礼。双方坐定后，受降仪式开始，由孙蔚如主持，他站起身来，宣读了“中华民国第六战区司令长官部（六战作命甲第一号命令）”，内容是有关日军解除武装、车辆及一切军用物资移交与接收、日军投降官兵的处置等规定。指示武汉、沙市、宜昌、信阳、岳阳地区日本第六方面军所属各部共21万多人向驻地附近之中国军队投降。宣读后，孙蔚如将此命令交由谢士炎将军送给冈部直三郎签名盖章，冈部阅罢此令沉思良久后表示，愿意遵照日本天皇旨意，无条件投降，然后抬起颤抖的手，执笔签字：

> 今谨收到
>
> 中华民国第六战区司令长官中华民国三十四年九月十八日六战作命甲第一号命令一份，当全部遵照执行，并立即转达所属及所代表各部队之各级官长士兵确实遵照。对于本命令及以后一切命令或指示，本官及所属与所代表各部队全体官兵，均负有完全实行之责任。
>
> 日本第六方面军司令官冈部直三郎大将中华民国三十四年九月十八日（公历1945年）于中华民国汉口市

随后，令中山贞武呈递孙蔚如将军。孙将军检视后，命令冈部直三郎立即按照指定的地点和各项规定，集中部队和军火、物资，听候收缴、点验。至此，受降仪式顺利结束。日军投降代表冈部直三郎及其幕僚4名退席，仍由两辆军用摩托警戒送归。

第六战区的日军投降缴械工作如期展开，但由于部分日军或因路途较远，或过于分散，或因江水暴涨不能渡江，或因瘟疫流行等诸多原因，延迟了到达集中地点，直到10月14日，该战区的受降工作才全部结束。

中国战区第四方面军司令官王耀武中将于8月18日接到中国战区最高统帅蒋介石电令，任命他为长衡地区受降主官，指挥第七十一、一百军及原在长衡地区的军队，负责接受长衡地区投降日军共计7万余人。原第六战区所辖湖南岳阳、湘阴等地的受降。亦由王耀武负责。25日，中国陆军总司令何应钦将军电示王耀武，日军投降代表为第二十军司令

印缅战区美中军司令官丹尼尔·索尔登中将访问中国湖南前线时，该地区中国部队司令王耀武中将赠送给他一把日军军官战刀。中国陆军参谋长何应钦参加赠送仪式

官坂西一良中将，以长沙为主受降地点，受降时间定于 9 月 15 日。

王耀武随即对所属部队发布命令：由第四方面军军部直接担任集结在长沙日军的受降，第七十四军担任集结在衡阳日军的受降，第十八军担任集结在岳阳日军的受降，第十一师担任集结在湘阴日军的受降。9 月 10 日之前，各部队必须到达指定受降点。

与此同时，湖南受降的其他准备工作也在紧锣密鼓地进行着。28 日，王耀武以“华字第 1 号备忘录”用飞机空投给驻邵阳日军菱田中将，由他负责从速转递军司令坂西一良。同时派副参谋长罗幸理少将于衡阳设立前进指挥所，办理长衡地区受降工作。并专门成立了“受降接收组”，由参谋长邱维达少将兼任组长。29 日，罗幸理率三处课长蔡仁昌及翻译、工作人员、警卫、电台报务员等 10 余人作为先遣人员，并带着王耀武命令日军司令官立即投降的电令，飞往长沙部署接受日军投降事宜。罗幸理到达长沙后，将前进指挥所从衡阳迁往长沙，旋即与驻长沙日军第二十军参谋长伊知川庸治等举行第 1 次会谈。伊知呈报了二十军及其所属部队驻地情况，并且提交了书面报告。

30 日，第四方面军王耀武以“华字第三号备忘录”致日军坂西一良，告知日军投降位置，受降代表姓名和日军投降部队番号。

9 月 12 日，王耀武将军派人给日军送去了“华字第七号备忘录”，通知受降地点设在长沙岳麓山。一切准备就绪后，9 月 13 日下午 4 时，王耀武偕国民党湖南省党部主席张炯、省府主席吴奇伟和美军东线指挥官金武德少将及高级参谋顾问多人，由辰溪乘火车赴芷江，次日飞抵长沙。在举行入城仪式后，在长沙的日军全部放下武器，向长沙郊外集中，接受战俘管理。

9 月 15 日，在长沙岳麓山的湖南大学礼堂门前，高高竖立一座用松枝扎成的牌楼，长衡地区受降仪式在这里隆重举行，大约有三百人参加，大会由罗幸理主持。上午10时整，司仪高声宣布："第四受降区仪式正式开始！"中方受降代表身着戎装，腰挎军刀，走向前台。随后司仪宣布："本受降区日本投降代表坂西一良入内！"坂西一良等3人在两名中国士兵引导下进入礼堂，立正、脱帽、向受降主官三鞠躬，然后双手递上武字第一号训令中所标列的日方表册。王耀武接过表册后，宣读受降命令，坂西等肃立恭听。命令内容主要是：本司令官奉本国政府命令，接受湖南省所有日本军队的投降事宜，希即通知所属一体遵照，不得稍有违抗，此令读毕，坂西等回答：遵照执行。他将受降命令授领证由罗幸理将军交给日军投降代表坂西一良，坂西在签字盖章后交参谋长伊知川庸治恭呈王耀武将军，王耀武仔细阅读无误后，又向坂西一良递交武字第二号训令，对在湘日军接受事宜作了明细规定。坂西一良表示"一定遵照执行"。随后，王耀武令日军投降代表退席。坂西一良向受降代表三鞠躬后，仍由两名中国士兵引导退出礼堂，受降仪式结束。紧接着王耀武对参加受降仪式的人员讲话，大意为：抗战胜利得来不易，应当不忘艰苦，对于所属严格要求，部队纪律不得松懈，更不准虐待俘虏等。旋即散会。

8月17日，中国战区第二方面军司令官张发奎上将应何应钦将军电召，由南宁飞往芷江，参加中国战区芷江洽降。次日，中国战区最高统帅蒋介石任命张发奎将军为受降主官，负责广州地区的接收。日军投降代表为第二十三军司令官田中久一中将，投降地点在广州。据此，张发奎将军抓紧受降的准备工作，拟订了受降接收计划。

9月1日，第二方面军致日军第二十三军司令官田中久一第一号备忘录：告知本司令官奉命为受降主官，接收广州、香港、雷州半岛及海南等地所辖区内的部队投降。要求从即日起应接受并遵照本司令发的有关日军投降的一切规定，并携带日军所辖战斗序列，指挥系统表，大队以上主官姓名、驻地表，兵力部署要图，人员、武器、器材、交通工具等表册，以及有关投降接收的一切必要资料。

3 日，田中久一遵照第二方面军命令，派代表至南宁洽降。同日，何应钦将军电示张发奎将军，九龙、香港地区已决定授权英国军队受降。

第二方面军司令部根据上级指示，在广州设立前进指挥所，指派高参张觉非中将为主任。6 日晨，广州前进指挥所一行 135 人，在张觉非将军的率领下，从南宁乘 8 架飞机飞往广州。飞机抵达白云机场时，日军第二十三军参谋长富田直亮少将前来欢迎。

7 日，张觉非将军在前进指挥所召见富田直亮，询问日军有关情况，并将司令部第二、三号备忘录交于他。

15 日上午，张发奎将军一行由南宁飞往广州。广州各主要官员及民众代表数百人齐集白云机场恭候。11 时 25 分，张将军乘坐的飞机在白云机场降落，同机到达的有参谋长甘丽初、美军联络部博文将军等。张发奎将军走下飞机，检阅了仪仗队，随后乘车去市区。在广州市中华北路口搭起凯旋门，当张发奎将军乘坐的汽车到来时，沿途市民夹道欢迎，热烈欢呼，气氛达到高潮。

9 月 16 日上午 10 时，广州地区日军投降签字仪式在广州中山纪念堂举行。当受降主官张发奎将军率领参谋长甘丽初，市长陈策等人到达时，参加观礼的来宾起立欢迎。张发奎主持了受降签字仪式，随即将第一号命令及命令授领证由甘丽初递给日军投降代表，第二十三军司令官田中久一在签名盖章后又由参谋长富田直亮恭呈张将军。张将军核对无误后，令田中久一等人退席，受降仪式结束。

中国战区最高统帅蒋介石于 8 月 18 日电令第九战区司令长官薛岳

上将为受降主官，指挥原辖各部负责接收南昌、九江地区的日军。

25 日，中国陆军总司令何应钦电示薛岳，日军投降部队为十一军所属第二十七师团，第七旅团（集中南昌）、第三十四、四十、八十七旅团（集中九江），投降代表为第十一军司令官兼华中派遣军第六方面军司令笠原幸雄中将，投降地点在南昌。

31 日，薛岳一连发了三道“九字第一、二、三号备忘录”，致第十一军司令官笠原幸雄，要求负责指挥所属日军投降，并执行本司令官的一切规定，以及提供所必需的内容。

薛岳指派陆军第五十八军军长鲁道源中将为南昌前进指挥所主任，同时为南昌地区受降主官，陆军新三军军长杨宏光中将为九江地区受降主官。

9 月 4 日，笠原幸雄由汉口乘专轮到九江。次日，举行受降仪式。在新三军司令部大院，笠原幸雄、参谋长富佛伴藏、第十三师团长、二十二旅团长、八十四独立旅团长等一行军官，低着头站立一排。受降官为新三军军长杨宏光、参谋长卓立、新编十二师师长唐宇纵、一八三师师长余建勋等人，接受日军投降。在受降典礼中，按规定，日军不能向我受降官行军礼，所以他们只能恭敬地脱帽行鞠躬礼。礼毕，笠原幸雄在受降书上签字后，即从腰间卸下军刀，双手呈交给受降官杨宏光。至此，九江日军投降仪式顺利结束。

9 月 9 日，第五十八军军长兼南昌前进指挥所主任鲁道源带领所属人员抵达南昌，新三军军长兼九江前进指挥所主任杨宏光一行则于 15 日抵达九江。

鲁道源抵南昌后，在汉口的日军第十一军司令官笠原幸雄特命独立步兵第七旅团团长生田寅雄少将为南昌、九江地区停战协定委员会委员长。

10日至12日，鲁道源主持召开受降预备会议。生田寅雄汇报了南昌、九江地区日军情况。次日，笠原幸雄中将由汉口飞抵南昌。

14日，薛岳长官以第9号训令指示笠原幸雄，日军应于当日施行投降。当日12时，第九战区司令部受降仪式在第五十八军军部礼堂举行。由鲁道源中将主持，参加者有五十八军军官、各界官员和新闻记者。日军投降代表笠原幸雄在降书、命令授领证上签字盖章后呈递鲁道源，鲁将军随后宣布受降仪式结束。

8月21日，中国战区最高统帅蒋介石任命阎锡山上将为第二战区受降主官，指挥战区所属各部及第一战区的3个军，负责接收山西省。

25日，中国陆军总司令何应钦将军电示阎锡山将军，日军集中地点由阎将军决定，投降代表为第一军司令官澄田贝徕四郎中将，投降地点在太原。

阎锡山接到命令后，命令所属部队集结，分别向太原、临汾、长治、运城前进，并令各受降部队限期到达目的地。

阎锡山

山西的日军为华北派遣军第一军及所属与非所属部队，兵力共计6万余人，分别盘踞在各地。阎锡山基于在山西的日军分布情况，遂令日军向指定地点集结，以便分区缴械投降。8月31日，阎锡山将军电令驻太原日军第一军司令官澄田贝徕四郎，要求日军投降部队分别前往集结地点：太原以南日军集结于临汾、平遥、介休、汾阳、沁县、榆次等地；太原以东的日军集结阳泉；太原附近的日军，一部分集结于东山煤矿地区，另一部分集结于西山煤矿地区及附近工厂等地；太原以北的日军集结地点，另行通知。集结在各地的日军，均负治安、交通维护之责。日军在移动位置时，务必事先与第二战区太原前进指挥所联系，并将第二战区内投降部队的全部人马、械弹、物资、工厂等列表呈报。

31 日，阎锡山再次电示日军澄田贝徕四郎，指派第 7 集团军总司令赵承绶将军抵太原，组织前进指挥所，筹备受降工作。

9 月 2 日，前进指挥所令日军澄田贝徕四郎司令官与参谋长山冈道武等人于次日上午前来研究双方收缴事宜。9 日，前进指挥所再次电示澄田贝徕四郎，要求日军到指定地点集结。

9 月 13 日，阎锡山上将等高级官员云集太原，主持和参加受降典礼。阎将军将命令授领证交给澄田，他在命令授领证上签字盖章后，恭呈阎锡山，阎将军阅后，令日军投降代表退席。

接下来，日军遵照阎锡山将军发布的命令，向指定地区集中缴械投降，日本战俘也相继进入指定的集中营，等待遣送回国。

8 月 18 日，中国战区最高统帅蒋介石电令第十战区司令长官李品仙中将为该战区受降主官，指挥所属部队，负责接收徐州、安庆、蚌埠、海州地区。

29 日，何应钦电示李品仙，更明确规定日军投降部队第四十七师团（集中徐州），第一步兵旅团及海军陆战队（集中海州），第六十五师团（集中蚌埠），第六步兵旅团（集中安庆）。投降代表为第六十五师团师团长森茂树中将，旋即又改为第六军司令官十川次郎中将。受降地点在蚌埠。

李品仙将军接到命令后，于 9 月 24 日向日军电示“龄字第一号训令”，内容包括：1. 该战区受降对象为日军第六军所属部队。2. 受降区域分别为安庆、滁县、蚌埠、田家巷、固镇、宿县、徐州、海州、连云港等。3. 该战区在蚌埠设立前进指挥所，办理日军投降事宜等。

其后，战区司令部派张淦中将为前进指挥所主任，进驻蚌埠。第十战区除在蚌埠总受降外，另还在固滁、安庆和徐海三地区分区接收。

随后，第十战区又规定了对盘踞城市的日军及军事据点的接收办法：1. 各地区日军在集中前夕，应报告接收官员或指定的接防部队长，由他们派出军队接收。2. 各地日军奉命集中移动时，所有的工事、建筑物等应负责点交给接防官指定的部队就近接收，并呈报第十战区司令部备查。3. 日军到达集中地点后，应遵照该地区接收官或指定之师长所规定的地方。对于日军武器、弹药、装具、器材、马匹的收缴办法，规定各地区日军按指定地点集中后，于翌日起遵照各地区接收官员指定的仓库，按序收集有关物资，3 日之内，连同清册送库，由各接收官会同军需品接收处点收并签字为证。另日军将该项移交清册另行报第十战区司令部一份备查。

李品仙

10 月 14 日，第十战区司令长官李品仙抵蚌埠。旋即主持了受降仪式，日军投降代表十川次郎在命令授领证上签字盖章，在呈递李品仙检视无误后退席。

第三战区司令长官顾祝同上将于 8 月 18 日被中国战区最高统帅蒋介石任命为受降主官，指挥所属部队，负责接收嘉兴、金华、杭州、宁波、厦门地区。日军投降部队为第七十、一三三师团，独立六十二旅团（集中杭州）；独立八十九、九十一旅团（集中宁波）；海军陆战队（集中厦门）。投降代表是一三三师团师团长野地嘉平中将，受降地点在杭州。

顾祝同

按中国战区训令，中国陆总指定的16个受降地区日军投降指挥官应为方面军司令官或军司令官，因杭州厦门受降地区没有师团以上的统领机关，故另行安排。另据中国陆总第4号备忘录，依照“8月15日”日军态势，中国陆总指定在杭州厦门地区投降的4支日军部队是：陆军第六军驻杭州第一三三师团、驻松江独立混成第六十二旅团、驻慈溪独立混成第九十一旅团和海军“中国方面舰队”厦门方面特别根据地队。故日军实际投降部队与原先情况有异。整个部队官兵人数，作为丁种师团的一三三师团为1.1万人，两个独立混成旅团1.5万人，合计2.6万。而厦门投降日军约2200人。总计，在杭州厦门地区投降的日军陆、海军4支部队估计为3万人左右。

8月下旬，顾祝同将军致日军第六军司令官十川次郎中将“信字第一号备忘录”：本人奉中国陆军总司令何应钦的命令，接受嘉兴、杭州、金华、宁波（包括舟山群岛）、厦门地区日本陆、海、空军及其辅助部队的投降；日军第六军指挥官十川次郎将军自接到本备忘录之日起，立即执行本司令官的一切规定，并由其负责指挥在这一地区日本陆、海、空军的投降；十川次郎将军须立即对各地区日军下达命令，立即停止一切敌对行动，原地静候待令，所有物资、设施妥为保管，并维持好当地秩序，确保中国军队顺利接收及推进等内容。本司令长官遵照中国战区的命令，先期在杭州设立前进指挥所。

9月中旬，第三战区司令部进入杭州，举行命令授领仪式。日本投降代表第十三军司令官松井太久郎（原为十川次郎）。此前，徐海受降地区（蚌埠）亦无师团以上单位，故第六军司令官十川次郎被指定为该地区日军投降指挥官。其后，按照中国“陆总”要求，指定驻上海的第十三军司令官松井太久郎为本区日军投降指挥官。根据顾祝同将军的要求，他在命令授领证上签字盖章后退席，受降仪式结束。随后，这一地区的日军先后缴械投降。

杭州厦门地区没有举行正式的受降仪式。据《中央日报》9月17日记载，第三战区司令长官、杭州厦门地区受降主官顾祝同二级上将9月15日在杭州青年会旧址的长官部办公室召见日军第十三军司令官松井太久郎中将的代表——第一三三师团长野地嘉平，将第一、二号命令交付他转松井太久郎，饬令日军自16日起缴械投降。同时被召见的还有该师团参谋长樋泽一治大佐、独立混成第六十二旅团长长岭喜一等。而在此之前的9月6日（或4日），在富阳的宋殿村，第三战区副司令长官兼前进指挥所主任韩德勤与驻杭州的日军第一三三师团长野地嘉平举行了洽降会谈，日方代表呈交杭州日军名册与分布、武器装备清单，并就中国军队接管杭州城防等事项领受中方训令。随后的9月10日，第三战区顾祝同部进入杭州，准备受降。

8月18日，中国战区最高统帅蒋介石电令第一方面军司令长官卢汉中将为越南北纬16度以北地区受降主官，负责接收该地区日军投降。25日，中国陆军总司令何应钦电令卢汉，日军投降部队集中地点由他决定，日军投降代表为三十八军司令官土桥勇逸中将，投降地点在河内。

第一方面军在奉命入越接受日军投降时，第一步之处置是，电告越北区日军指挥官土桥勇逸派代表携日军在越南北纬 16 度以北的人员、马匹、武器、弹药、装具、驻地等表册，前来洽降。当于 9 月 2 日在云南开远方面军司令部大礼堂举行初步洽降签字仪式。礼堂布置及洽降仪式悉依芷江陆军总司令部之规定办理。当时，有昆明行营暨驻昆各机关及当地各级机关代表、各盟国外宾、新闻记者前来参加。9 月 1 日，日军指挥官土桥勇逸中将派遣其三十八军参谋酒井干诚大佐、二十一师团参谋三好秀男少佐为洽降正、副代表，率领三十八军总部今井一夫译员等一行 5 人，乘日本飞机抵达蒙自，再换乘美军教练机转到开远。9 月 2 日上午 10 时，由方面军司令部中将参谋长马锳主持。洽降代表酒井干诚、三好秀男等肃立阶下，面对马锳签降毕，面呈防区各项图表，当授以汉字第一号备忘录，经译员逐条译述后，携回河内面交日军指挥官土桥勇逸。备忘录内容为：凡驻越南北纬 16 度以北地区之日本海、陆、空军及其辅助部队，应遵本部命令，分别照指定地区集结。我军给以命令的要点如下：（1）日本在越陆军应逐次向助波、河内以东地区及海防东北地区集中；（2）海军应集中于海防；（3）空军应集中于河内机场；（4）其他应守纪律之规定等。

在土桥勇逸的代表返回河内时，方面军曾派出参谋组，以第二处处长谢崇琦兼组长，率领官佐 16 人于 9 月 3 日与日军代表酒井干诚同机赴河内，商洽本部及所属各军暨中央特派各有关机关代表驻所与警戒事宜。9 月 7 日，又遵照陆军总部规定，以少将副参谋长尹继勋为主任，率领各级参谋 40 余人乘飞机前往河内，成立前进指挥所，与日军协商洽降事宜。

卢汉将军接到受降任务后，即着手准备在河内举行受降仪式。9 月 14 日，卢汉乘飞机亲往河内。第六十军先遣之八十四师及第六十二军之九十五师先头部队于两天后先后抵达河内市区，即行分配警戒区域，并开始负责维持地方治安。其余各军于9月25日先后到达土仑、顺化、南定、河内及海防、同登等指定地区。

9月28日上午，卢汉在河内方面军司令部（原总督府）举行接收驻越南北纬16度以北地区日军投降仪式。参加观礼者有越南人民临时政府高级官员、美军总部、英国联络部职员，各侨领及有关机关负责人，各国新闻记者；第一方面军司令部少校以上军官，各军、师、团长及参谋长等，共1000余人。

9时，卢汉率司令部全体官佐和特务团士兵，举行升旗仪式。10时，日军投降代表、驻越南北纬16度以北地区指挥官三十八军司令官土桥勇逸中将，二十一师团师团长三国直福中将，三十一旅团旅团长服部尚志少将，独立三十四旅团旅团长永野修身少将及随从参谋酒井干诚大佐与译员等6人，由第一方面军本部第三处处长杨家杰引导入礼堂，面对卢汉司令官、马锳参谋长、尹继勋副参谋长肃立，行礼如仪。然后，由卢汉宣读方字第一号训令，并致词，随由译员相继译述，待土桥勇逸敬礼并在命令授领证上签名盖章后交酒井干诚呈递卢汉核阅，卢汉检视后令其退席。遂告礼成。接着，卢汉庄重地宣读了用中、越两国文字写的文告，表示："中国军队非为越南之征服者或压迫者，而为越南人民之友人和解放者。凡越南北纬16度以北地区之一切行政之监督、军事之管理均归本司令官负责，各级行政机构照旧，互相发挥效能，保证和平，维持秩序……"这时，各摄影记者竞相拍照，以作永久纪念。是日，各盟国外宾纷纷莅部致贺，司令部设宴招待，共庆中国抗日战争的胜利。

10月1日，何应钦亲赴河内视察，卢汉举行了盛大的欢迎宴会。4日，何应钦召集中国军政要人开会，命令日军于30日解除武装，缴械投降。

11 月 10 日前，完成日俘集中。至 1946 年 3 月 23 日，中国在越南北纬 16 度以北地区的军队全部撤回中国境内。

8 月 18 日，中国战区最高统帅蒋介石电令第七战区司令长官余汉谋中将，指派他为受降主官，负责接收曲江、潮汕地区，投降日军为第 23 军的一部分。25 日，何应钦将军再次电示余汉谋将军，投降地点在汕头。

余汉谋将军接到上述命令后，将所属各部迅速推进到受降点，并指令日军集结，等候中国军队缴械投降。同时，在汕头组成前进指挥所，准备受降。

余汉谋

旋即，余汉谋将军抵汕头主持受降仪式。日军投降代表第二十三军司令官田中久一中将在命令授领证上签字盖章，然后恭呈余将军检视后退席。

8 月 18 日，中国战区最高统帅蒋介石电令第十一战区副司令长官李延年中将，指派他为受降主官，指挥山东挺进军及第十九集团军所辖第十二、九十七军，负责接收青岛、济南、德州地区。接着，何应钦将军又电示李延年将军，告知日本投降代表为第四十三军司令官细川忠康中将，投降地点在济南。

李延年将军根据上述电令，命令部队向日军据点推进，同时命令日军向指定地点集结，准备缴械投降。接着李延年将军等飞抵济南，于 10 月 15 日在大明湖畔之中山图书馆副长官司令总部主持受降仪式，由日军第四十三军司令官细川忠康代表日军前来投降。他从大门到受降大厅，需要经过 5 道卫卡。在第一道岗位，他解下腰间手枪交给卫兵司令，并向其行 90 度鞠躬，报告缴械投降之请求。随后，由一名参谋引导带进，经过每道门岗，均行礼如仪，以示敬意。到达受降大厅门口，呈交投降代表证书，待传令引入投降席。李延年宣读投降命令后，将授领证交日军投降代表细川中康。细川中康先将佩剑捧缴，随即在投降书上签字盖章后恭呈，并向受降长官行 90 度鞠躬礼。李延年将军检视后，令日军投降代表退席，按来时规定路线离场。至此，该地区受降仪式礼成。

8 月 18 日，中国战区最高统帅蒋介石电令第十二战区司令长官傅作义上将，指派他为战区受降官，指挥所辖部队负责接收热、察、绥 3 省地区，投降部队为驻蒙日军。

22 日，中国陆军总司令何应钦将军致冈村宁次“中字第二号备忘录”中指出：第十二战区司令长官将派前进指挥所于归绥。25 日，何将军电示傅将军，日军投降代表为蒙疆军根本博中将，办理投降地点在归绥。

傅作义将军接到命令后，即派战区司令长官前进指挥所主任等人飞抵归绥，同时命令所属部队向日军据点推进。又命令日军向指定地点集结，等候向中国军队缴械投降。傅作义将军旋即飞抵归绥，主持受降仪式。并将命令授领证令人交给根本博签字盖章。傅将军检视后，令日军投降代表退席，受降仪式结束。

8 月 18 日和 25 日，中国战区最高统帅蒋介石和中国陆军总司令何应钦分别电令第五战区司令长官刘峙上将为受降主官，指挥所属各部负责接受郑州、开封、新乡、南阳、襄阳、樊城地区。投降日军为第十二、三十四军各一部分，投降代表为第十二军司令官鹰森孝中将，投降地点在开封。

刘峙根据电示精神及该战区具体情况，命令投降日军向郾城、许昌、商丘、归德等地集中，并在郾城和许昌两地分别举行日军受降。

早在8月13日，当得知日本投降后，刘峙就电令所属第二十二集团军，部署日军投降事宜，并将对日通告转达日军最高指挥官遵照办理。15日，日本正式投降后，第二十二集团军旋即命令日军立刻停止军事行动，并将第二号通告派人送达河口豫鄂边区日军最高指挥官。

刘峙

接到命令后，日军迅即派人前来洽降，第二十二集团军参谋长胡临聪要求日军严格按照第五战区命令履行。

9月10日，第二十二集团军进入许昌，次日上午，第二十二集团军派参谋张岐中校前往日军司令部送通告，洽商受降事宜。14日，第二十二集团军抵达漯河，集团军总司令部设在郾城。15日，第二十二集团军接受日军防务，完成受降准备。20日，第五战区司令长官刘峙主持了受降仪式。日军投降代表第十二军司令官鹰森孝在命令授领证上签字后，受降仪式结束。

与此同时，第二集团军于9月5日奉命先向郑州等地进军，旋即改向许昌推进，18日抵达，总司令部设在许昌城内。22日，第二集团军命令在许昌地区投降的日军解除武装，交出武器装备，移驻指定地点，由该集团军五十五军接受。同时，第二集团军还做出6点明细规定，要求日军执行。

此外，在商丘、归德的日军，亦执行第五战区命令，先后缴械投降。至此，第五战区所承担的受降任务全部结束。

1945年8月18日，中国战区最高统帅蒋介石任命第三方面军司令官汤恩伯中将为受降主官，负责接收南京、上海地区，日军为第十三军。

汤恩伯

25 日，何应钦将军电示汤恩伯将军，日军投降部队为第十三军所属第六十、六十一、六十七师团（集中上海）；第六军所属第一六一师团，独立第九十旅团，独立第一警备队及空军地面部队与降落伞部队（集中南京）。投降代表为在上海的第十三军司令官松井太久郎中将和在南京的第六军司令官十川次郎中将，分别向汤恩伯司令官、廖耀湘军长投降。

汤恩伯将军接到命令后，将所属部队空运上海、南京，接替日军防务，同时命令日军向指定地点集结，准备向中国军队缴械投降。

10月25日，中国战区台湾省受降典礼在台北市公会堂举行，图为会场内部场景

1945年8月20日发行的《时代》杂志封面是一个画有“大叉”的太阳，封面图案无言地表达了对日本的胜利和战争的结束

上海方面：汤恩伯将军主持了受降仪式。将命令授领证交给松井太久郎，松井在命令授领证上签字盖章，恭呈汤将军，在检视无误后，日军投降代表退席，上海受降仪式结束。

南京方面：新六军军长廖耀湘将军是先期进入南京的，他参加了南京方面日军投降仪式。日军投降代表十川次郎在命令授领证上签字盖章，廖将军在检视后令其退席，投降仪式结束。

有关台湾地区日本受降，本丛书中另有专论，这里就不再赘述。

中国接受敌国投降，这是近代历史上的第一次。挟战胜国之余威，整个中国战区的受降工作，如期展开，顺利进行。所有日本投降代表都“心悦诚服”地按照中国“陆总”和各战区受降主官的命令切实履行。至10月下旬，受降工作划上了一个圆满的句号！在中国大地上曾遮天蔽日、横行八年的日本太阳旗，在萧瑟的秋风中彻底坠落，被踩在战胜国人民的脚下，与枯萎的树叶一道腐烂，成为历史的垃圾。中国人民张开双臂，重又拥抱和煦的太阳和明净的天空。

曾经是全副武装的百万日军，在投降缴械后，成了赤手空拳的百万战俘。当年的趾高气扬与今日的垂头丧气，形成鲜明对照，真是此一时彼一时也！正义必将战胜邪恶，这是侵略者的必然下场！

【十二】国共受降之争

在八年抗战中，八路军、新四军等抗日武装力量，深入敌后开辟战场，有力地打击了日本侵略者，在全民御敌中做出了很大贡献。因此，中国共产党参加中国战区的受降是理所当然的。然而，国民党利用国内外因素和合法地位垄断了中国战区的受降权。

整个中国的抗日战争，始终存在着敌后战场和正面战场，两者相辅相成，互为补充，相互联系。

1939年4月，八路军朱德总司令与彭德怀副总司令在山西武乡八路军总部

1937 年抗战爆发后，红军于 7 月 9 日主动通电请缨，开赴华北抗日战场。8 月 22 日，经国共两党多次协商，国民政府公布了红军改编为国民革命军第八路军（简称八路军）的命令。9 月 11 日，八路军改为十八集团军，朱德任总指挥，下辖一一五师、一二〇师和一二九师。

10 月，国民政府颁布命令，改编留在湘、赣、闽、粤、浙、豫、皖等地的红军游击队为国民革命军陆军新编第四军（简称新四军），军长叶挺，下辖 4 个支队。

新四军军长叶挺

新四军副军长项英

八路军开赴华北抗日之时，正逢日军向山西大举进攻，国民政府组织太原会战，遂投身参战。一一五师在平型关给日本王牌板垣师团以沉重一击，歼敌3000余人，这是中国军队抗击日军取得的首次重大胜利。

济南、太原相继失守后，中国正面战场的国民党军队退出华北。八路军遵照中共指示，在敌后开展游击战，相继建立了晋察冀、晋绥、晋察豫、山东、华中等抗日根据地。

1938年9月，日军华中派遣军提出《关于武汉、广州两战役善后处理的形势判断》意见，对继续入侵中国内地深感兵力不足，后方补给不容乐观。基于这种原因，日本大本营于11月制定了新的《陆军作战指导纲要》。据此，日军暂行停止对中国正面战场的进攻，而把主要矛头对准敌后根据地，将多数兵力投入对敌后战场的大规模“围剿”。

中共领导的八路军、新四军和华南抗日武装，在敌后战场上，与一半以上的侵华日军周旋，起到了一定的牵制作用。

1941年底太平洋战争爆发后，日本首相东条英机叫嚣：日本在大东亚战争中，将要以中国为兵站基地。于是在经济上拼命掠夺沦陷区的资源，在军事上疯狂进攻敌后抗日根据地。日寇在华北地区不断推行“治安强化运动”，采取“清乡”、“蚕食”等手段，特别是在敌后根据地实行野

百团大战开始，八路军在夜色中出发

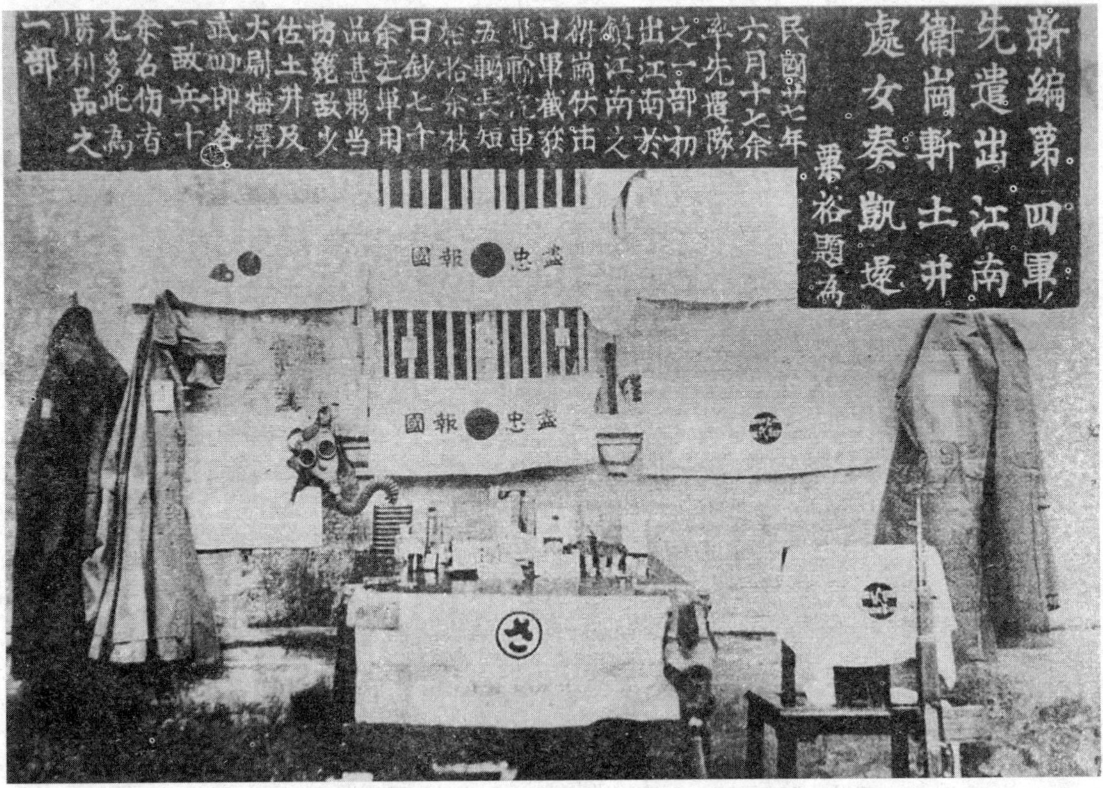

1938年6月17日，新四军先遣支队在镇江韦岗伏击日军告捷，图为缴获的战利品

蛮的“三光政策”，制造惨绝人寰的千里无人区。在极其艰苦的条件下，八路军与日军展开搏斗，粉碎了侵略者的狂暴伎俩，有力地打击了日军的嚣张气焰。

1943 年的中国战场，中日军队的搏杀，已由相持阶段逐渐转入战略反攻。在敌后战场，各抗日根据地展开新一轮攻势。到 1944 年，已开始局部反攻，抗日根据地随之扩大。

八路军、新四军和华南等中共领导的抗日武装，在八年抗战中深入敌后开辟战场，在华北、华中、华南等 16 个省的广大地区，创建了晋察冀、晋绥、晋热、山东、苏北、苏中、苏浙皖、浙东、淮南、皖中、豫鄂皖、湘鄂、东江、琼崖、陕甘宁等 19 个抗日根据地，有力地打击了日本侵略者，在全民抗战中做出了很大贡献。

国共合作抗日以后，共产党取得了合法地位，在抗战中成为一支中坚力量。共产党领导的敌后战场与正面战场的国民政府军队相互支援与配合，狠狠打击了日军，形成了全民抗战的新局面，粉碎了日本帝国主义迅速灭亡中国的迷梦。

很显然，中国抗日战争的胜利，是国共两党协同作战的结晶，是抗日统一战线形成后全民御敌、同仇敌忾的硕果。因此，中国共产党参加中国战区的受降，是理所当然。

1945 年 8 月 10 日，伴随着《日本乞降照会》而升起的中国抗战胜利的曙光，瞬间照彻了远东。然而，隐藏在战火硝烟中的一切矛盾，又因日本的投降而纤毫毕现。围绕着如何分配抗战胜利果实的现实问题，便成了国共两党斗争的焦点，同时也成了中日关系、美苏战后对华政策实施的前提。

日本突然宣布投降，胜利来得如此之快，令国共两党都估计不足。

自1944年以来，日本败绩之相已露，但其投降究竟还需多少时日？国共两党的预测，都大大滞后。1945年的6月25日，中国陆军总司令何应钦在答记者问时说，距抗战结束“大约一年”。而毛泽东在此前一天的一份电报中指出：“现在距日寇崩溃只应估计尚有一年半。”究其产生这样认知的原因，主要有两点：一是当时在中国战场的日军（东三省除外）尚有120多万兵力，其力量还相当强大；二是盟军在取得欧战胜利之后，对日军的打击力度势不如前，而苏联迟迟未对日宣战，故日本军国主义终结之日尚未彻底显现。

平型关伏击战

然而，不足两月，情势就急转直下，日本俯首称臣，胜利有如神助，如同天降。瞬息之间，大半个中国，从敌占区变成了受降区。这既令人惊喜，又令人不安。惊喜的是中国最终取得了抗战胜利，不安的是对于原来敌占区由谁来受降？这不仅是一个政治问题，而且是关系到战后国共两党的军事力量在受降区如何重新部署的战略决策问题，它将在很大程度上决定战后中国的政治走向和国共两党未来的命运。在蒋介石看来，新的危机出现，这就是来自共同抗战的共产党及其军队对其统治的威胁。因此，排斥、打击共产党就成了他的必然选择。

照理，国民政府应组织包括中国共产党人在内的联合受降机构，共同协商，统一领导受降。但是，以蒋介石为首的国民党，充分利用自己的合法地位，排挤、打击中国共产党参加中国战区的受降。

蒋介石认为：国民党是中国的执政党，国民政府为国际社会所公认，是代表中国参加联合国的中国政府，本人又是盟军委任的中国战区总司令，而国民党军队是中国国防军，因此，对日享有受降权，实乃天经地义。

国民党的这一要求，得到了美国等盟国的支持。随着8月15日太平洋战区盟军总司令麦克阿瑟发布第一号受降令，规定中国战场（东三省除外）、台湾、越南北纬16度以北的日军，都必须向蒋介石投降。这对想独揽中国战区对日受降权的蒋介石而言，不啻为一份准入证。

在美国的支持下，蒋介石集团排斥了中共领导的抗日军队而垄断投降，从而使国共两党的固有矛盾陡然加剧。首先是围绕对日受降权所进行的斗争，继而是冲突的全面升级。

蒋介石企图独占对日受降权，但问题是当时国民党军队主要位于西南和西北地区，而八路军、新四军等抗日武装则在敌后，若就地理位置而言，中共对日受降，占得先机和优势，日军完全可就近向中共军队缴械。为了不让中共插手受降，以便全盘独揽，蒋介石可谓是煞费心机。

8 月 10 日，蒋介石于深夜急忙发出的“未灰亥令一亨电”，为即将到来的中国战区全面受降与接收问题作出了非同寻常的部署，为垄断受降定下了基调。次日，蒋介石又一连发出三道“命令”：一令中共军队“原地驻防待命，不得擅自行动”；二令嫡系部队“加紧进军”，“勿稍松懈”；三令沦陷区伪军“维持治安”，“趁机赎罪”。“三令”的宗旨只有一个——抢夺胜利果实。对此，新华社立即发表评论，蒋对我方的“命令”是荒谬的：“根据这种意见，可以逻辑地解释为朱总司令根据《波茨坦公告》及敌人投降的意向，下令给所属部队促使敌伪投降，倒反错了；应该劝使敌伪拒绝投降才是对的，才算合法。”尖锐地指出：蒋介石的“命令”，从头到尾都是在挑拨内战。

当然，国民党想要垄断投降，仅凭这些还不足以，还需得到美国的全力支持和日伪军的配合。9 月 2 日，麦克阿瑟以远东盟军总司令的名义，命令侵华日军只能向蒋介石的军队投降，而侵华日军总司令官冈村宁次在其《和平后对华处理纲要》中则明确规定，日军武器“完全彻底地”交给国民党，“为充实中央政权的武力做出贡献”。蒋介石还请求美国空运蒋军至京、沪、平、津等都市，海运蒋军至东北、华北及台湾，以便迅速占领这些重要地区，主导受降。美方不仅慷慨相助，还直接派兵抢占天津、秦皇岛、青岛等地，打着协助国民党军受降和遣俘的旗号，代其占领并守住津沽唐秦之间的滩头阵地，为国民党军上岸及进入华北、东北铺平道路。并且还与蒋介石共同策划，“利用敌人来做守备队”，“阻止共产党人”对日受降。这一切都表明，国民党垄断受降之势已成定局。

8 月 18 日，何应钦将中国战区划分为 15 个受降区，后增加 1 个，指派了各战区受降主官、所接受地区及日军投降部队的番号。但是，没有一处有中共人员参加，也没有划给中共军队一个接收地区。仿佛共产党是作壁上观的局外人，根本没有参加过抗日战争，将中共军队完全排除在外。

面对国民党联合日、伪军垄断受降之势，中共采取“针锋相对，寸土必争”的方针，利用解放区与沦陷区相连的地利，反对国民党抢夺胜利果实。

8 月 10 日，朱德总司令发布命令，要求各解放区所有抗日武装依据

百团大战中我军依托长城天然工事抗击日寇

《波茨坦公告》规定，向附近城镇及交通要道之日伪军送去最后通牒，限期向八路军、新四军及华南武装部队缴械投降，如遇顽抗，即应予以消灭。11日，延安总部一连又发布6道命令，要求华北、华中、华南各解放区抗日军队迅速前进，收缴敌伪武装，接受日军投降。同日，中共中央向各战略区发出《关于日本投降后我党任务的决定》，指出，“目前阶段，应集中主要力量迫使敌伪向我投降，不投降者，按具体情况发动进攻，逐一消灭之，猛力扩大解放区，占领一切可能与必须占领的大小城市与交通要道，夺取武器与资源”。

这令蒋介石不安，他一面指责延安总部发表的《限令敌伪缴械投降》的命令是唐突和非法行为，一面积极布置拟订的接受日本投降的计划和部署，急电在南京的日军中国派遣军总司令冈村宁次，提出了对日受降的六项原则。其主要内容是：“一、应即通令所属日军停止一切军事行动，并速派代表至玉山接受中国陆军总司令何应钦之命令；二、暂保有武器装备，保持现有态势，并维持所有地之秩序及交通，听候中国陆军总司令何应钦之命令；三、所有飞机及船舰应停留现在地，但长江内之舰船，应集中宜昌、沙市；四、不得破坏任何设备及物资。”其效率之高，工作节奏之快，实为罕见。

针对盟国及国民党排斥中国共产党参与对日受降之举，中共进行了有理有节的斗争。朱德于13、16日两次致电蒋介石，坚决拒绝“原地驻防”，提出凡被解放区军队包围的敌、伪军队，由解放区军队受降，而被国民党军队包围的敌、伪军，则由国民党军队受降。

8月15日，中共分别对日本中国派遣军和盟国发出两个通电。一是朱德总司令命令侵华日军投降的七条命令，一是朱德总司令“为受降问题致美、英、苏三国说帖”。前者指出“冈村宁次应下令你所指挥的一切部队，停止一切军事行动，听候中国解放区八路军、新四军及华南抗日纵队的命令，向我方投降”。关于投降事宜，“在华北的日军，应由你（指冈村宁次）命令下村定将军派出代表至八路军阜平地区，接受聂荣臻将军的命令；在华东的日军……接受陈毅将军的命令；在鄂豫两省的日军……接受李先念将军的命令；在广东的日军……接受曾生将军的命令”。后者明示“中国解放区、中国沦陷区的广大人民及一切抗日的人民武装力量，应有权派自己的代表参加同盟国接受敌国的投降和处理敌国投降的工作”，并严正指出，“中国国民党政府及其统帅部，在接受日伪投降与缔结受降后的一切协定和条约时，不能代表中国解放区、中国沦陷区广大人民及一切真正抗日的人民武装力量”。这份说帖电文，既是对美英等盟国排斥中共的对日受降权、在国共两党中制造矛盾的警告，亦是对蒋介石集团无理独占抗战胜利成果的谴责，它表明了中共在对日受降这一问题上的原则立场和坚决态度。

这引起了蒋介石的忧虑和恐慌，他为了争取足够的时间向前线运兵受降，必须设法稳住战后的局面，拖住共产党及其武装力量迅速开向敌伪统治区的步伐，遂发出邀请毛泽东赴渝共商国是的电报。8月16日，毛泽东复电蒋介石：“朱德总司令本日午有一电给你，陈述敝方意见，待你表示意见后，我将考虑和你会见的问题。”朱德向蒋介石提出了六项要求，前五项概括起来就是：“凡被解放区军队包围的敌伪军由解放区军队接受其投降，你的军队则接受被你的军队所包围的敌伪军的投降。”由于中共明确表示先解决受降权问题，然后再谈会见的立场，蒋介石无法闪烁其词，他在给毛泽东的第二封电报中说“查此次受降办法，系由盟军总部所规定，分行各战区，均予依照办理，中国战区亦然，自未便以朱总司令之一电破坏我对盟军共同之信守”。这里，蒋介石以“盟军总部所规定”为藉口，以坚持国民党独占受降权的观点。但又怕拒绝了中共关于受降权的要求，即失去利用和谈争取时间的机会，因此在电报中又说：“如何以建国之功收抗战之果，甚有赖于先生之惠然一行，共商大计。”鉴于战后中国各阶层人民渴望和平，厌恶战争的共同意愿，中共以国家民族利益为计，8 月 24 日，毛泽东复电蒋介石，毅然决定亲赴重庆与蒋谈判。

为了准备谈判，周恩来草拟了对国民党政府的紧急要求十二条。其中明确提出“划定八路军、新四军及华南抗日纵队接受日军投降的地区和解放区抗日军队有权派代表参加处置日本投降后的一切重要工作”。这份文件后经毛泽东修改，并在 8 月 23 日中共中央政治局扩大会议讨论后，改写为《中共中央对目前时局的宣言》，并于 25 日发表，其中第三条再次提出“划定八路军、新四军及华南抗日纵队，接受日军投降的地区，并给予他们以参加处置日本的一切工作的权利，以昭公允”。

重庆会谈

28 日，毛泽东到达重庆，谈判开始。9 月 3 日，中共方面递交了拟定的两党谈判方案十一项，在受降问题上，仍坚持要求“重划受降地区，参加受降工作”。8日，国民党谈判代表张群在提出的一份《对于中共九月三日提案之答复案》中表示：“中共参加受降工作，在接受中央命令之后，自可考虑。”这看似模棱两可的回答，其实暗藏玄机，一言以蔽之，能否参与受降，政府说了算。对此，周恩来指出，这是不公平的。而毛泽东则表示：“共产党宁愿撤退，而不愿与国民党军队发生冲突，但他们仍然将继续与敌伪军作战。”

美军代国军接收天津

中共据理力争的立场，并未能改变蒋介石的既定方针。9月20日，蒋介石密电各战区司令长官：“目前与奸党谈判，乃系窥测其要求与目的，以拖延时间，缓和国际视线，俾国军抓紧时机，迅速收复沦陷区中心城市。待国军控制所有战略据点、交通线，将寇军完全受降后，再以有利之优越军事形势与奸党作具体谈判。彼如不能在军令政令统一原则下屈服，即以土匪清剿之。”对于居心叵测的国民党，周恩来就直言：“我等对中央此次受降区域与受降任务之规定，自始表示反对，但现在日军不向我缴械，而中央又空运部队前往受降，我虽无法阻止，然决不赞同。”

但国民党在名义上掌握了中国的对日受降权，共产党只有利用自己在抗战中的影响和实力来实施对日受降。国共两党为了在对日受降中争取主动，均采取了一系列的战略部署和措施。

以蒋介石为首的国民党集团，由于其重兵集中在大西南和陕西等地，对突如其来的对日受降颇有鞭长莫及之感。为了取得对日受降的主动，蒋介石一面大量收编伪军，固守重要城市和占领交通线，如庞炳勋、孙良诚、张岚峰、孙殿英、门致中、李守信等 10 个伪军头目就分别被委任第一至第十路军总司令，统率 40 万伪军，力图一举垄断华北的对日受降。而在华中，为了阻止新四军的对日受降，蒋介石命令伪上海市长、大汉奸周佛海为上海行动总指挥，率领 30 万大军负责控制京沪杭的三角地带。同时命令中共军队原地待命；另一面命令国民党军队积极向东部和北部

1945年，八路军冀察军区解放涞源城

推进，迅速接受日伪军的投降。

在国共两党就对日受降权争论不休时，日本中国派遣军的态度，无疑会对国共两党的受降产生影响。他们意识到，战败后的日本，将会受到盟国的严厉处罚，届时中国将是处置日本的重要一员，而在国共两党中，国民党集团对投降后的日本表示“宽大”。还在8月15日，由重庆电台向全世界发表了蒋介石对日“以德报怨”的讲话。宣称：“中国同胞们须知：‘不念旧恶’和‘与人为善’是我们民族传统至高至贵的德性。”“我们必须切记，如果以暴行答复敌人从前的暴行，以侮辱来答复他们从前错误的优越感，则将成为冤冤相报，永无终止。”

蒋介石的这一席话无懈可击，它将中华民族传统美德体现淋漓尽致的同时，亦给日本人送上了一份安慰和惊喜。向国民党投降，拒绝向中共武装缴械，这既符合盟军的意图，又能让国民党在战后的对日处置中放宽原则。

8月18日，冈村宁次亲拟《和平后对华处理纲要》，提出：“促进重庆中央政权的统一，以此协助中国的复兴建设。至于渝、延之间的关系，本来须由中国本身处理，但延安方面如有抗日侮日之行为，则应断然予以讨伐。”又言，“应向中国移交的武器、弹药、军需品等，根据统帅命令指定时间、地点，完全彻底地交付中国方面，为充实中央政权的武力作出贡献”，以此确定向蒋军投降，拒绝向中共军队缴械的方针。这一命令于20日以总参谋长小林浅三郎的名义通令全体侵华日军执行。其后在芷江洽降中，国民党谈判代表一再向日方代表今井武夫强调：驻华日军应采取有效措施对付共产党军队，任何据点如果为非国民党军队占领，日军应负责收回，再交国民党军队。后来今井武夫回忆说：“中国方面向日军提出的要求中，对于军械、军需品、设备及财产的接收问题，表示了异常的关心，曾再三强调要全部接收，并反复坚决要求对于命令系统以外的分子的介入，要严加拒绝。”为了监督日军投降方案的实施，国民党特派“陆总”副参谋长冷欣前往南京，设立前进指挥所，要求日军按受降要求迅速办好，冈村宁次对此表示一切照办。

这样，在美国的帮助与日伪军的配合下，国民党军队陆续到达受降地区的中心城市，在大半中国形成了星罗棋布的受降网。至 10 月中旬，国民党军队顺利完成对大部分日军的集中缴械。

国民党凭籍着合法地位以及种种“优势”，对中共采取高压、扼制以及强大的军事进兵策略，主宰了中国战区的对日受降权。而中国共产党在抗战中做出了重要贡献后，被搁置在一边。

面对国民党限制共产党军队对日受降的种种不公，毛泽东和中共采取了针锋相对的斗争策略。命令各解放区军队迅速推进，向其周围城镇及交通要道的日伪军发出通牒，收缴日伪军的武装，对负隅顽抗者坚决予以消灭；同时夺取一些重要交通线，以确保对广大乡村和中小城镇的占领。在与国民党军队的争夺中，中共军队一面破坏敌人主要的交通线，以延缓国民党军队到达对日受降地点；一面集中兵力，向拒绝投降的日伪军发动全面进攻，采取用武力迫使日伪投降的方式与国民党进行斗争。

在日本宣布投降后的两个月，中共率先从敌伪手中光复国土 31 万平方公里，收复县以上城镇 250 多座，人口 1870 万。这样，解放区就扩展到 19 个省市，面积达百万平方公里，基本连成一片，有力地扩大和巩固了解放区。

在处理对日受降这一问题上，对战后国共两党的关系、未来中国的命运等，都产生了重要影响。蒋介石集团挑起的国共两党对日受降的纷争，是战后国民党公开损毁第二次国共合作的起点，亦是其准备大规模内战的一项战略决策。

国民党政府利用了赋予它代表整个中国这一职权而独家承揽了中国战区的受降接收工作。正因为如此，一切受降事宜皆未与中共协商，划分受降地区和指定受降主官都把中共排除在外。芷江洽降、东京湾日本投降签字典礼和南京中国战区日本投降签字仪式都未让中共代表参加，讨论和处理战后日本问题的盟国远东委员会、盟国管制日本委员会的中国代表团仍无中共代表。蒋介石、何应钦等人在一系列的命令和行文中，还别有用心地指责中共的受降接收活动为非法，甚至诬蔑中共的抗日部队为“土匪”、“股匪”。

蒋介石为何无视中共及抗日武装在抗战中的地位与贡献，将其排除在受降活动之外？其目的就是不让中共“分享”抗战胜利的果实，通过对日受降为国民党争取战略上的主动和优势，壮大自身的军事力量和国际影响，它包藏着削弱中共、准备内战的既定方针。

一向视共产党为心腹之患的蒋介石在日军刚一签降时就在日记中写道：“呜呼！抗战虽胜，而革命并未成功；第三国际政策未败，共匪未清，则革命不能曰成也。”故而极力想通过对日受降而恢复全盘秩序之有利态势，亦即国民党一统天下，以便为迅速消灭共产党作准备。

蒋介石的这一方针，违背了全体中国人民根本利益和愿望，终使八年浴血奋战换来的和平局面未能得以维持。国民党虽然赢得了大量战利品，却输掉了亿万民心。失民心者，失天下，貌似强大的国民党，在不知不觉中走向穷途末路。

抗战的硝烟刚刚散去，人们还沉浸在胜利的喜悦之中，准备去享受灾难之后的美好生活时，一场内战重又开始。中共领导的军队，击溃了国民党军，取得了决定性的胜利，时间定格在 1949 年 4 月 23 日，一个新旧时代的分水岭。

蒋介石搬起石头砸自己的脚，败走孤岛，了却残生。它应验了老子那句名言“福兮，祸之所伏”，而这是他万万没有想到的。

【十三】迟到的回归

一九九七年七月一日香港回归的日子，我们依然记忆犹新。然而，这座有着『东方之珠』美誉的小岛，早应回到母亲的怀抱。抗战胜利后，国民政府力图收回被日军占领的香港主权，但遭到英国殖民统治者的阻挠，丧失了收回香港主权的一次极好机会。香港回归，无情地被推迟了长达五十二年之久。

1997年7月1日香港回归的日子，我们依然记忆犹新，那是一个多么激动人心的时刻，让人久久不能忘怀。但由于命运的交错，或许这有着“东方之珠”美誉的小岛，早应回到母亲的怀抱，而回归的时间，应是在第二次世界大战结束、日本无条件投降之际。

香港自古就是中国的神圣领土，鸦片战争后到19世纪90年代，英

中英《南京条约》签订

1941年12月25日，在港督杨慕琦带领之下，一众英国殖民地官员渡海亲身前往被日军占据的半岛酒店的三楼三三六室的日军总司令部投降。酒井隆随即暂代香港总督职务，直到矶谷廉介接任为止

国先后强迫清政府签订三个不平等条约，强割强租香港，香港遂沦为英国的殖民地。太平洋战争爆发后，香港又被日军侵占。抗战胜利后，国民政府力图收回香港主权，但遭到了英国殖民统治者的阻挠，中、英两国围绕着香港的受降权问题，发生了一场激烈的外交争端。

1943 年 11 月 23 日召开了中、美、英三国开罗会议，商讨盟国协同作战以及战后安排等一系列问题。在讨论关于领土问题时，蒋介石不仅提出应将日本占据的中国领土满洲、台湾、澎湖列岛归还中国，还提出“香港原是中国领土，在不平等条约下为英国霸占，英国人曾被日本人从这块土地上赶走，今天要以无数的中国生命，收复这块土地，香港必须归还中国”。他的这一提议，得到了美国总统罗斯福的支持，希望英国即刻将香港归还中国。但是，英国首相丘吉尔则顽固坚持殖民主义立场，声称“大英帝国在远东的主权范围不容更改”，极力反对把香港归还中国。结果，开罗会议没能就香港问题达成协议。

1945 年 8 月 15 日，日本宣布无条件投降。次日，太平洋战区盟军最高总司令麦克阿瑟将军根据美国总统杜鲁门的旨意，下达了第一号命令，对同盟国各自的受降区作了严格划分。据此，除“满洲”而外的“中国范围之内”的全部日本军队，包括空军、海军、陆军和后勤部队以及台湾和北纬 16 度线以北的法属印度支那地区的全部日军，都必须由中国战区最高统帅蒋介石受降。而香港本就是中国领土，战时又属中国战区统辖，理当属于中国的受降地区。8 月 18 日，中国战区最高统帅部命令国民党陆军第二方面军接受广东地区日军的投降，其中第十三军赴港接受香港日军的投降。

然而，英国政府从一开始就打定主意，香港只能由英国接收。8 月 14 日，英国驻华大使薛穆会见国民政府外交部次长吴国桢，表示英国将在香港受降，理由是香港为英国海外领地，英国对它拥有主权，可以不受战区限制。16 日，当英国政府获悉香港地区已划归中国战区受降后，竟悍然宣称：香港是大英帝国的一个组成部分，英国在这个地区拥有主权，香港不应被包括在“中国境内”，尽管战争期间由于需要而划分不同的战区，但战区不能涵盖主权，在自己的主权范围内接受日军投降，是一件无可争议的事情。为此，英国政府派出以太平洋舰队司令哈克尔少将率

日本袭击香港，一枚炸弹在启德机场爆炸

领“不屈号”航空母舰为首的一支舰队急驶香港，以图在军事上占得先机。中国在得知英国的举动后，立即筹谋对策。

吴国桢紧急召见英国驻华大使薛穆，提醒他盟国早有共识，未经中国战区最高统帅部准许，任何国家不得在中国战区内从事军事与非军事活动。当时，国民党第十三军已有一部进入九龙境内。但是，以蒋介石为首的国民政府并无勇气与英国进行直接的军事和外交对抗，而寄希望于美国来仲裁香港的归属问题。

然而，英国政府在外交上抢先一步，18 日，英国新任首相艾德礼致电美国总统杜鲁门，表示英国不能接受中国对 8 月 15 日总受降令所做出的解释，英国在香港地区拥有主权，香港不应被包括在“中国范围之内”。并告知英国舰队已向香港进发，其任务是从日军手中接管香港，恢复英国的统治。并要求杜鲁门指示远东盟军最高统帅麦克阿瑟，命令日本最高指挥部保证驻守香港的日军，应在英国舰队到达后向英军投降。

尽管此前在香港问题上，美国曾对中国收回香港的主权要求持肯定的态度，但随着日本国的战败投降，美国的立场逐渐暧昧起来。杜鲁门总统在接到艾德礼首相的电报后，经过一番利弊权衡，最终对美国政府的香港政策做出了重大调整，基本接受了英国政府的立场。

这一方面是由于中国政府没有足够的实力在香港问题上与英国相抗衡，若没有美国的支持，中国军队是不可能先于英军控制香港的；另一方面英国人已经在香港采取了接管行动，并且较为有效地控制了香港，为英国在香港受降问题的争端中赢得主动，造成了一个已接管的既成事实。要想使英国人从香港主动退出，显然难以做到。

基于多方权衡和考量，美国政府最终决定牺牲中国利益，满足英国的要求。8 月 19 日，杜鲁门通知陆军部指出，为了更顺利地接受香港日军的投降，须将香港地区从中国战区范围中划出。同时，他还按照艾德礼首相的要求，指示麦克阿瑟部署香港日军向英国投降事宜。随后，美国国务卿贝尔纳斯将香港日军受降的变更，通知了中国外交部长宋子文。这实际上就意味着，美国默许了英国在香港继续享有殖民统治的地位，中国想收回香港主权，尚待时日。

蒋介石得知这一消息后大为恼火，当即致电杜鲁门问询美方态度，要求美国政府不要对《波茨坦公告》和麦克阿瑟发布的投降条款作任何片面的修改，否则会造成不良先例，给在香港以外的其他地方也会带来更为严重的后果。美国应该让英国遵从麦克阿瑟原先的指令，撤回舰队，打消在香港地区接受日军投降的任何企图。

蒋介石还建议，如果美国政府已同意英国派军队来港，则可让日军先向中国政府投降，美国和英国派代表参加受降仪式。受降后再由中国

酒井隆率部攻入香港

战区统帅蒋介石授权英国舰队登陆并重新占领香港，但英军不得利用任何借口在中国大陆登陆。

他在电文最后特别强调，这是中国政府所能做出的最大让步，希望能得到杜鲁门总统的理解和支持。

1945年10月，香港。日军驻港指挥官向英军代表交出军刀投降

然而，美国政府支持英国的方针已定。8月21日，杜鲁门在给蒋介石的复电中称香港日军投降问题主要是军事性质，"英国在香港的主权是没有疑问的，倘为投降仪式而发生麻烦，似乎将抵偿不了其恶劣影响"。他希望蒋介石根据中美两国多年"合作和谅解"之精神，与英国政府取得"一致"。当然，"英国人在港接受日本投降，要以英国和中国方面的充分军事协作为前提"。

美国政府的这一表态，使国民政府寻求美国支持收回香港主权的希望化为泡影。蒋介石深知没有美国的支持，中国要收回香港是难以实现的，无奈他只好妥协，下令将在九龙的中国军队后撤至新界河。

国民政府并不甘心这样的结局，并为此付出许多努力，但收效甚微。美国方面表示，对中英香港之争是爱莫能助；而英国政府态度坚决，执意孤行。一个骑墙之态，一个顽固不化，使蒋介石愤然。

8月28日，蒋介石会见美国驻华大使赫尔利时，对英国政府表示极大愤懑，声称不管英方接受与否，他都将以中国战区最高司令的身份，任命英国海军少将哈克尔作为他的受降代表，在香港接受日军的投降。并进一步表示，中国政府一方面要尽力避免与英国在香港的冲突，另一方面也打算以武力来抵制英国人在中国战区之内所采取的行动。

国民政府的这一强硬立场，为英美两国政府始料不及。杜鲁门担心中英两国在香港地区发生军事冲突，急忙致电艾德礼首相，希望英国政府采取灵活措施，尽快与中国政府达成解决香港争端的方案。英国方面为了早日重返香港，不得不做出一定让步：同意以委托方式受降，哈克尔不仅仅只代表英国政府，同时代表中国战区最高统帅蒋介石，在日本投降书上签字。英国政府的这一方案，得到了中国方面的肯定答复。这样，在中国方面做出了重大妥协之下，中、英两国就香港受降权问题最终达成了解决方案。

8 月 30 日 11 时，哈克尔率领的英国舰队驶入香港。次日，英军宣布成立临时军政府，哈克尔出任军政府总督。9 月 16 日，香港日军投降仪式在港岛总督府举行，日本香港守备队司令冈田梅吉、华南舰队司令藤田频太郎代表日军在投降书上签字，哈克尔则以英国政府兼中国战区最高统帅代表的双重身份接受了日军投降。中国方面代表罗卓英将军参加了受降仪式。

中英香港受降权之争，由于美国的立场与态度，直接导致事态发展的骤变与逆转，使中国丧失了收回香港主权的一次极好机会。香港的回归，就这样被无情地推迟了长达 52 年之久。而中国政府虽然在这一问题上由于自身实力不济而采取妥协之姿，但是有先决前提和条件，涉及主权问题时，态度是强硬而坚决。正是由于这样的结果，哈克尔以双重身份在受降书上签字的做法，不仅实际上承认了中国在香港地区的主权，而且这一外交文件本身，亦成为中国在香港拥有主权的重要依据。

时针走过了一圈又一圈后，我们终于有幸迎来了香港历史上的春天。在中英双方经过多次谈判之后，1997 年的 7 月 1 日，英国的米字旗在香港落下，它标志着英国殖民统治的终结。

回顾历史，我们深深感到：只有一个强大的中国，才能在国际事务中发挥积极而卓有成效的作用，才有资格捍卫自己的每一寸领土。

图书在版编目（CIP）数据

战区大受降 / 韩文宁著. -- 南京：南京出版社，2015.3（2016.10重印）
（1945 · 中国记忆）
ISBN 978-7-5533-0864-7

Ⅰ. ①战… Ⅱ. ①韩… Ⅲ. ①日本投降（1945）—史料 Ⅳ. ①K265.706

中国版本图书馆CIP数据核字（2015）第050360号

丛 书 名：1945 · 中国记忆
书　　名：战区大受降
作　　者：韩文宁
出版发行：南京出版传媒集团
　　　　　南 京 出 版 社

社址：南京市太平门街53号　　邮编：210016
网址：http://www.njcbs.cn　　电子信箱：njcbs1988@163.com
淘宝网店：http://njpress.taobao.com　　天猫网店：http://njcbcmjtts.tmall.com
联系电话：025-83283893、83283864（营销）　025-83112257（编务）

出 版 人：朱同芳
出 品 人：卢海鸣
责任编辑：严行健
装帧设计：王　俊
责任印制：杨福彬
制　　版：南京新华丰制版有限公司
印　　刷：北京楠海印刷厂
开　　本：787毫米×1092毫米　1/16
印　　张：11
字　　数：125千
版　　次：2015年3月第1版
印　　次：2016年10月第3次印刷
书　　号：ISBN 978-7-5533-0864-7
定　　价：25.00元

淘宝网店　天猫网店

上架建议：抗战 · 文史